感情に振りまわされない――

働く女《ひと》のお金のルール

自分の価値が高まっていく
稼ぎ方・貯め方・使い方

有川真由美

Mayumi Arikawa

きずな出版

はじめに

何歳からでも始められる「安心」のつくり方――お金のことで心配する必要は、もうありません！

この本を取ってくださったあなたは、「将来、お金に困ることになるんじゃないか？」と、不安に思っているかもしれません。

老後は大丈夫か。

年金はどうなるか。

退職金はあるのか。

いまの仕事を続けられるのか。

結婚はするのか。または、結婚生活を続けることができるのか。

子育てのあと、再就職はできるのか。仕事はパートしかないのではないか。

このままの状態で、生き抜くことはできるのか……。

不安になってしまう気持ちは、よくわかります。

「お先真っ暗……」という悲観と、「なんとかなるんじゃないか」という楽観がごっちゃになって、お金の問題を、未来の自分に先送りしてしまう気持ちもよくわかります。

私も、以前、そんな気持ちを抱えながら、毎日を過ごしている時期がありました。


でも、大丈夫です。お金のことで不安がる必要はありません。

その解決方法が、この本のなかにあります。

「いますぐ、お金持ちになる方法を教えます」というわけではありません。

「貯金が急激に増える方法を教えます」というわけではありません。

でも、「将来、お金に困ることにはならないだろう」と思える人生の〝戦略〟がここに書いてあります。

そう、私たちがお金のストレスを感じることなく、お金と仲良くつき合っていくためには、お金における〝戦略〟が必要なのです。

私は、その〝戦略〟がわかってから、将来のことで心配することはなくなり、反対に、将来のことが楽しみでたまらなくなりました。

年齢を重ねていくことに、深い感動と喜びがあるのです。

私たちの不安というのは、ほとんど〝現在〟のことではなく、10年後、20年後のこと、もしくは、老後のことではないでしょうか？

その将来のために、いまから少しずつでも〝貯金〟をしておこうとしていませんか？

もちろん、〝貯金〟という戦略もあるでしょう。

いざというときに私たちを助けてくれますし、安心や喜びを与えてくれます。

でも、それより確実で、しかも私たちを元気にしてくれる方法がいくつかあります。

まずは、ひとつの戦略をお話ししましょう。

あなたが将来、お金に困らないで生きていくためには……

「60歳で毎月10万円稼ぐ女《ひと》になる！」ということ。

それは、決して難しいことではないのです。

コツコツ貯金する以外に、いまのあなたにできること

あなたのいまのお給料が10万円でも20万円でも構いません。

そのなかから5000円を、貯金するのではなく、自分に〝投資〟してみませんか？

「60歳で10万円稼いでいるあなた」をイメージして、そこに近づくための歩みを進めてみましょう。

いますぐ、「60歳で10万円」は難しくても、10年かけて、その力をつけようとするなら、それは可能であるはずです。

料理が好きなら、興味のあるジャンルの料理や、健康食の知識を極めてもいいし、ワインが好きなら、ワインソムリエに合わせてチーズプロフェッショナルになるのもいいかもしれません。動物好きなら、トリマーや動物看護師を目指す道もあるし、美容やファッションに関心があれば、メイクセラピストやカラーコーディネーター、アドバイザーなどの仕事もあるでしょう。

難しいこと、面白いことにチャレンジしたいなら、ニッチな語学を習得する道、NPO設立や起業をする道、これまで培《つちか》ってきた仕事経験を生かす道もあります。

いま趣味としてやっていることを極めて、人に教えるのもいいでしょう。

10年間というのは、過ぎてしまえば、あっという間ですが、なにかをコツコツと積み重ねようとすると、人を圧倒するパワーを生み出すことができます。

いまから、あなたが人の役に立つための〝なにか〟を積み重ねていこうとするなら、10年もたてば、だれであっても、その道のプロフェッショナルになったり、人に教えたりするレベルにはなっているはずなのです。


もし、あなたが自分への投資に「5000円も使うお金の余裕はありません」というなら、お金ではなく、知恵と時間を使いましょう。

お金をかけなくてもいい戦略を考えるのです。

たとえば、60歳になったとき、「農業をして、おいしい野菜を人に提供している自分」をイメージして、その勉強の方法はないかと考えてみましょう。

ベランダで家庭菜園を始めるのも、ひとつの〝投資〟です。

インターネットで野菜の育て方を研究したり、プロフェッショナルと交流したりしてもいいでしょう。季節ごとに、どんな野菜が育つのか、どんな野菜が育てやすいのか、どんな方法で野菜はおいしくなるのか、実際に体験して学んでいくことが、あなたのなかに残っていきます。

あなたが、10年かけて、稼ぎ力を構築する方法は、かならずあります。

そして、それは、どんな人であっても、可能なのです。

60歳になったとき、どんな自分でありたい？

さて、ここで、どうして「月10万円」なのか？　説明しましょう。

毎月10万円というのは、私が最低限、必要だと考える金額です。

たとえ年金がもらえないことになっても、親や夫がいなくても、資産がなくても、女ひとりで生きていくための最低の金額です。

生活費の10万円は少ないと思うでしょうが、少ない金額で暮らす方法はあるものです。

もちろん、「10万円では暮らせない。私は最低20万円必要」という人もいるでしょう。

そんな人は、「60歳で月20万円稼ぐ女になる！」という目標を立ててもいいし、預貯金、退職金、65歳からの年金を見越して、「月15万円」でもいいかもしれません。

ただし、15万円稼ぐための、稼ぎ力の構築が必要になってきます。


「月10万円」は、稼ぐための現実的な金額でもあります。

日給5000円で20日働いたときの月収。日給1万円は難しいとしても、日給5000円は、地方でも都会でも可能な金額ではないでしょうか。

しかも、10年かけて、その土台をつくろうというのですから、可能性の低い金額ではないはずです。

いまから、生活費をなんとかやりくりして、毎月2万円ずつ貯金したとします。

あなたが現在、30歳だとしたら、月2万円ずつ貯めて1年で24万円。60歳までの30年間で720万円貯めることができるでしょう。

しかし、「30年間継続して貯金する」ということは、あまり現実的ではありません。

途中、育児のために休職したり、子どもの学費、家や車のローンなどで出費が多かったり、赤字になったりする時期もあるからです。独身であっても、友人や家族の結婚祝い、転職や引っ越し、旅行などで要《い》り様になることもあるでしょう。

そうして、ほかの部分で節約したり、欲しいものを我慢したりして、なんとか貯めた７２０万円であっても、無職になれば数年で消費してしまう金額です。

数百万円が老後の足しになるのは、初期の数年間なのです。

それよりも、月２万円の貯金のうち、５０００円でも1万円でも、自分への正しい投資を続ければ、60歳になったときに「月10万円以上」の稼ぎ力になって返ってきます。

60代、月10万円を10年間稼げれば、シンプルに考えて１２００万円の収入になります。

70代でも稼ぎ続けられるなら、もっと大きな収入を生み出すことができるでしょう。

60代70代の日本女性は、まだまだ元気で働く力があります。

60歳まで生きた女性の半分は、90歳まで生きるという統計もあります。

女性の人生の長さを考えると、こちらのほうがずっと安定したお金の流れなのです。

「60歳で毎月10万円を稼ぐ」という気持ちをもつと、経済的な面でなく、人生においてすばらしいことが起こります。

なにより、60歳以降、稼ぎ力があったほうが、人生は断然楽しい。家庭があろうとなかろうと、子どもがいてもいなくても、「世の中のためになにができるのか」は、すべての人に与えられた課題です。

人生のいちばん幸せであるはずの老年期に、「人のためにできることがある」「人に必要とされている」というのは、それだけで生きる力になり、支えになるのです。

想像してみてください。

おいしいものを食べたり、温泉に行ったり、趣味を楽しんだりというのは、それなりに私たちを喜ばせてくれますが、もっとも深い喜びは、だれかに「ありがとう」と言ってもらえることではないでしょうか。

身近な家族だけではなく、世界のどこかにいる人のために「できることがある」という事実は、自分の命を大いに喜ばせてくれます。

人は〝自分のため〟より、〝人のため〟にこそ、とてつもないパワーを発揮できるのです。「与えてもらうこと」ではなく「与えられること」が、私たちの人生を支えてくれるのです。

60歳になったとき、「私はなにもできないから……」「私はお金がないから……」では、いままでなにも考えてこなかったのか、なにもやってこなかったのか、と言われても、言い訳できない時代になりつつあります。

あなたがいま40歳であれば、「60歳の稼ぎ力」に焦点を合わせることで、10年どころか、20年間、〝なにか〟を積み重ねることができます。

55歳であれば、10年後の65歳に焦点を合わせるのもいいでしょう。

30歳であれば、30年間の積み重ね、20歳であれば、40年間の、それなりの積み重ねができるはずです。

そして、とても重要なことは、「〝60歳で10万円〟マインド」をもつと、その結果は60歳まで待たなくても、5年後、10年後に出てくるということです。

あなたがコツコツ積み重ねたものに相応《ふさわ》しいチャンスが訪れるのは、不思議なほどです。

転職や退職などで、いったんキャリアが切れてしまっても、なにかの準備をすることで新しいキャリアを構築したり、これまでの経験を生かしてまたスタートできたりします。アルバイトやパートからでも、なにかを足掛かりにして、収入を増やしていくことも可能です。

毎月、同じ給与をもらっている会社員であっても、つぎのポジションに上がっていくことができたり、いい転職ができたり、副収入を得たりするようになります。

〝60歳の自分〟を考えることは、20代、30代、40代の〝いま〟をつくり、自分の人生をつくっていくことです。

60歳のお金を考えることは、自分の人生をトータルで考えることなのです。

将来お金に困らない道に進む一歩

じつは、私も十数年前、お金の不安を感じたときがありました。

40歳を目前にして地方から上京してきたときは、「仕事なし、貯金なし、家族なし」でフリーターからの出発でした。

フリーランスのライターとしての仕事をしながら風呂なしの借家に住んでいましたが、ライター稼業だけでは到底、生活ができず、テレフォンオペレーターや居酒屋など、短期の仕事を掛け持ちして収入を得ていました。

「私は稼ぐことができない人間だ」という自信のなさと、「これから、なんでもできるはずだ」という希望が入り混じって、そのころは、突然、不安になったり悲しくなったりしたものです。

しかし、「10年後、こうなったらいいな」と目標を定めて動いているうちに、そんな不安はいつの間にか吹き飛んでいきました。

フリーライターのちいさな仕事から、「これもやってみる?」と、だんだん仕事が大きくなり、夢中で目の前の仕事に取り組んでいるうちに、いつの間にか「ベストセラー作家」と呼ばれるようになりました。

40歳を過ぎて台湾の大学院に留学して、「日本女性のリスク問題」を研究するうちに、大学の講師をしたりセミナーを開いたり、日本の内閣府の検討会メンバーに選ばれたりするようになりました。

そんな場所は、「いつかそうなったら、いいな」と思い描いていた場所でもありました。

もちろん、それは私だけの力ではなく、読者の皆様、私を育ててくれた方々など、多くの力があってのことですが、それも含めて10年というのは、とても大きな力が重なり、大きな結果が出るものだと実感しているのです。

そして、「人生は描いた通りになる」ということも、確信しています。

「その場所に行くためには、どうすればいいのか？」、戦略を練って、やることをやっていれば、奇跡のようなことも起こってしまうのです。

もちろん、すべてが思い通りになるわけではありません。

でも、「そうなったらいい」と思って進まなければ、そこにはたどり着けないということです。

３０００メートルの山に登るためには、５００メートルの山に登る格好ではいけないし、スポーツの世界大会に行きたいと思う人は、「県大会に出場できればいい」とは思わないでしょう。

そこにたどり着くため、つまり、自分が満足できる場所と、お金に不安のない人生を手に入れるためには、それなりの〝準備〟と〝心構え〟が必要なのです。

どんな人であっても、お金を稼ぐ知恵、お金を使う知恵、お金を貯める知恵をもつことは可能です。

そして、お金に心配することなく、豊かな人生を送ることも可能です。

お金を味方にして、伸び伸びと生きていくためのルールは、まだまだこの本のなかにあります。

年齢を重ねるほど、自分の価値が高まっていく生き方、幸せになっていく生き方を、いっしょに目指してみませんか？

自分の価値が上がるポイント34

01 □ やりたい仕事の面接をダメもとで受けてみる
02 □ 自分は稼げないという思い込みは捨てる
03 □ お金の収支は〝水道の蛇口〟。自分でひねって調整する
04 □ 「お金を稼ぐ」「お金をもつ」を人生の目的にしない
05 □ こうなったのは、だれのせいでもないことに気づく
06 □ 「ラクなこと」より「少し難しいこと」を選ぶ
07 □ 若い人と競わないでいいステージに立つ
08 □ 自分の能力を発揮できる場所を見つける
09 □ ライバルは自然に消えていくものと心得る
10 □ 「好きになれそう」という気持ちを大事にする

11 □ 自分を正しく把握する素直さが、人を強く聡明にする

12 □ 自分にできることを追求する

13 □ あの人に任せておけば安心といわれる仕事をする

14 □ ここ一番で、ちいさな損得を考えない

15 □ すべてを失っても、自分の〝稼ぎ力〟は残る

16 □ 「こんな仕事をしています」と堂々と言ってみる

17 □ 〝目的〟はひとつ。〝方法〟は無限大

18 □ 自分にできる「ちいさな商売」を考えてみる

19 □ 「お金のために」ではなく、「やりたいこと」をする

20 □ ただ貯めるのではなく、必要な額を貯める

21 □ 「毎月5000円の貯金」が将来の自分をつくる

22 □ 自分にとって必要なもの、不要なものを明確にしておく

23 □ 「マネースケジュール手帳」を習慣にする

感情に振りまわされない――働く女《ひと》のお金のルール　〈目次〉

第3章
いままでは報酬が低すぎる？

仕事で必要とされる人になる

第4章
どうすれば、もっと稼げる？

感情を整理して、稼ぐ力をアップする

第5章
どうすれば、もっと貯められる？
賢く貯金するために知っておきたい大切なこと

感情に振りまわされない——
働く女《ひと》のお金のルール

自分の価値が高まっていく稼ぎ方・貯め方・使い方

第1章

そうは言っても不安は消えない？

お金で心配なことを分析してみよう

01

お金の不安には、ほとんど根拠がない

「将来のお金のことが不安で、ひとりで考えても、友人と話をしても、暗くなってしまうんです」

そんなふうに、顔を曇らせる女性たちのなんと多いことでしょう。

では、「どうして不安なの？」と聞くと――。

「いまはお金に困っているわけじゃないんです。でも、この先ずっと困らないでいられるのか不安で……」

「年金ってもらえないかもしれないっていうでしょう？　そうなると、私、〝独女貧困〟になってしまうのかな」

「いまの職場でずっと働けるのか不安。結婚して肩たたきに合うかもしれないし、リストラされるかもしれないし……」

なるほど。それでは、「そのためになにかしている？」と聞いてみると――。

「先はどうなるかわからないから、動けないんです」

「資格を取ろうとは思っているけれど、時間がなくて……」

「お給料制だから、これ以上、稼ぐことができないし……」

と、なにも手を打っていない状態なのです。

人は、「先が読めない」「わからない」ときに、不安に陥ります。

そこに落とし穴（リスク）があるとわかっていたら、それに対策を打って進むことができます。

落とし穴に落ちても仕方がないと覚悟したら、開き直って精神的なダメージは少ないものです。

でも、いつどこに落とし穴があるかわからない状態だから、不安になり、前に進めなくなってしまうのです。

お金の不安を徹底的に分析してみると、ほとんどは根拠のないものであることがわかるはずです。

根拠はないけれど、テレビやインターネットの情報、世間の空気、人との比較によって、「え？　大丈夫？」「私、たいへんなことにならないよね？」というモヤモヤした〝妄想《もうそう》〟はつくられていきます。

でも、問題がすぐに直面する現実的なものではないために、対策を打つことができなかったり、どう動いていいのかわからなかったり、一歩を踏み出すきっかけをつかめず、問題を先送りしているうちに、不安のまま時間は過ぎていきます。

不安になると、まわりのことも、自分のことも否定的な目で見てしまうようになって、動けなくなり、さらに自信をなくしてしまう……という悪循環をたどります。

不安になりすぎると、生きる力を失くしてしまうのです。

派遣社員のHさんは、事務職の転職を繰り返しながら40歳を過ぎ、すでに正社員として雇ってくれる会社はないことを実感して、大きな不安に襲われたそうです。

「独身の派遣社員のまま、ひとりで生き抜けるのか、自分はお金を稼げない人間だと、ネガティブな気持ちでいっぱいになって、最後は、仕事があるだけでも有り難いとあきらめの境地でした」

とHさん。しかし、偶然、外国人に日本語を教えている50代の日本語教師に出逢ったことから、人生は大きく変わっていきます。

「もしかしたら、私にもできるかもしれない」

Hさんはそうピン！　とひらめいて、日本語教師養成講座を受講、猛勉強して検定にも合格し、日本語教師としての仕事を始めました。

そして、彼女はこう気づいたといいます。

「お金のことが不安だと思っていたけれど、じつは、〝社会に必要とされない自分〟が、不安でたまらなかったんです。試験勉強など前に進んでいるうちに不安はなくなりました。いま、派遣社員時代よりもお給料は少ないけれど、なんとか生きていけると思えるし、毎日が充実しています」

もし、あなたが、不安な気持ちでいるのなら、それは「動け！」という合図。

じっとしているから不安になるのです。

たとえ、その目標の場所が遠いところにあっても、少しずつでも近づいているという実感があれば、不安は解消されていくはずです。

不安は、取り込まれるものではなく、利用するもの。なにかの危険があることを私たちに教えてくれ、うまくいくためのサポートをしてくれます。

最初は、ちいさなことからでいいのです。

解決の方向に、一歩だけ足を進めてみましょう。

自分がやりたいと感じていることを、だれかに相談してみましょう。

週末を利用して、興味があることのアルバイトやボランティアから始めてみるのもいいかもしれません。

やりたい仕事の面接を受けてみたら、どれくらいのレベルかわかるはずです。

動いていれば、「つぎは、なにをすればいいのか」が見えてきます。

お金の問題は、生き方の問題。明確な答えがあるわけではありません。

一人ひとり、解決方法はちがうのですから、やってみなきゃわからない。
お金の不安をなくすためには、考えてから歩くのではなく、歩きながら考えていくしかないのです。

自分の価値が上がるポイント

01

やりたい仕事の面接をダメもとで受けてみる

02

どんなことになっても、自分で生きていくと覚悟する

「不安になるのは、先のことが読めないから」と書きましたが、不安が消えないもうひとつの理由があります。

結局のところ、私たちは〝自信〟がないのです。

私たちは、お金とのつき合い方に、いくつもの不安を抱えています。

「お金を十分に稼ぐ」自信がない。

「お金を正しく使う」自信がない。

「お金をちゃんと貯める」自信がない……。

私たちはお金にストレスフリーで幸せな人生を送るために、お金とのつき合い方を学び、お金に対する自信を構築していく必要があります。

しかし、お金に対して、１００％自信がある人がいるでしょうか？

未来がどうなるのか、完ぺきにわかっている人もいません。

いま自分にできることをして、あとは、「どんなことになっても、生きていこう」と考えるしかないのです。

「できるだけお金の不安がないように手を打っておく」「でも万が一、お金がなくなっても大丈夫」「またコツコツ働いていけばいい」……そう思えたら、私たちは、すべての不安から解消されます。

稼ぎ方のうまい人は、無一文になっても「自分自身」という財産をもっているので、不安はないといいます。「またゼロから始めればいい」と、思えるからです。

多くの人は、そう思えないから、人にしがみついたり、流されたりするのです。


ある女性は、仕事のストレスで体まで壊し、とても働ける状態ではなくなったといいます。

「しばらく仕事を休職するか辞めるかして、静養したらどう？」と友人に言われても、

「仕事を辞めたら、お金のことが心配で……」

と、困り顔。そして、つぎのように答えたといいます。

「このまま無理をして働けなくなったらたいへんじゃない？　しばらくは働かなくても大丈夫？」

「貯金は多少はあるけれど……」

「どれくらいの期間、働かなくても大丈夫？」

「うーん。10年くらいかな……」

10年分の生活費を蓄えているなら辞めてもいいのではないかと思う人は少なくないでしょう。けれども、彼女はお金の不安を拭《ぬぐ》い去ることができないのです。

お金は「〜だけあればいい」という制限がありません。

不安になっているときは、「もっともっと」と求めてしまうのです。


また、こんな専業主婦の女性もいました。

彼女は、有名大学を卒業し、一流企業で働いたあと、職場結婚。夫は家庭を顧《かえり》みないほどのワーカホリックで、確定はできないけれど、どうやら浮気もしている様子。満たされない生活のなか、ほかの男性との恋愛依存や買い物依存に陥《おちい》り、何年も家庭内別居状態にあるといいます。

夫への愛情はすっかり冷めているのに、

「子どもがいるから離婚できないんです」

いまさらパートの仕事もしたくないし、雇ってもらえないと言います。

八方ふさがりの状態に、こんなコメントも……。

「いっそのこと、夫が死んでくれたらいいのにとさえ思います。そうなれば、保険金も入るし、義父母や夫の介護もしなくていいし……」

そんな状態が子どものためになるわけはありませんし、なにより自分の人生を捨ててしまっています。自分で生きていく自信がないから、不安でたまらないのです。

離婚して新しい世界が始まることが不安。新しい仕事をやっていけるかが不安。

なにより、「私は稼げない」「稼ぐのはしんどいことだ」と思い込んでいるから、明るい〝未来〟を描けず、不幸な状態であっても、〝いま〟に執着するのです。

離婚をしないからといって、安心だというわけではありません。将来に向かって、なにも行動を起こしていないから、「この先どうなるんだろう」と、不安でたまらないのです。

こんな女性が、仕事をする能力がないかというと、まったくそんなことはありません。

ただ、「自分は稼げない」と思い込んでいるだけなのです。

そして、人に依存して生きるしかなくなり、満たされないことがあると、相手に要求しようとするか、もしくは、あきらめて、ほかのことでこころを満たすようになります。

自分に自信がなく、人に期待しているかぎり、いつもフラストレーションを抱えているはずです。

自分自身が変わらないことには、永遠に不満のままなのです。

「自分は、どんな状態になってもやっていこう」と思えば、離婚を恐れることはないでしょう。

「でも、その前にやるだけのことをやろう」と思えば、結婚生活を修復することにも前向きになれるでしょう。

人に期待するのではなく、自分自身に期待するのです。

どんな自分であっても、信じることができれば、変化していくことを恐れずに進んでいけるはずです。

100%の自信なんてなくてもいい。「万が一、どんな現実がやってこようとも、その現実に寄り添って生きていこう」と覚悟することが、本当の自信ではないでしょうか。

お金があっても、お金がなくても、笑って生きようとすることが、心のやわらかさ。

その覚悟があれば、不安は消え、自分が変わることを恐れなくなるはずです。

「自信」よりも「覚悟」をもって歩いていきましょう。

自分の価値が上がるポイント

02

自分は稼げないという思い込みは捨てる

03

生活の基本は「入ってくるお金で暮らす」

お金に対する「問題解決」に、〝不安〟や〝自信のなさ〟などのマイナスの感情や余計な情報が入ってきて、問題が複雑になっているのは、ご理解いただけたでしょう。

問題をシンプルに整理してみましょう。

私たちが、お金に対して不安になっている理由は、ほとんどが「いつか貧乏になってしまうのではないか？」「いまのままでは豊かな暮らしができないのではないか？」といった、お金が「足りないこと」です（なかには、お金がありすぎて不安になっている場合もありますが、それはまたの機会に説明します）。

では、あなたが「お金が足りない」ということを問題としている場合、その解決は、ふたつしかありません。

「入ってくるお金を増やす」「出ていくお金を減らす」

基本的に、日々の生活は「入ってくるお金で暮らすこと」ができれば、問題はありません。15万円入ってきたら、15万円。30万円入ってきたら30万円の暮らしをすればいいでしょう。それ以上の暮らしをしようとしたり、将来のことを考えず計画性のない使い方をしたりすることから、「足りないよー」となってしまうのです。

お金の問題を解決するためには、できるだけ感情を交えず、まるで他人ごとのように、ありのままに現実を見ることから。

もし、あなたが「これはやっぱり足りないわー」と思うなら、「入ってくるお金を増やせないのか?」「出ていくお金を減らせないのか?」、ふたつの解決策を考えればいいだけです。

私が上京したとき、家の離れを無償で貸してくれた80代の女性大家さんは、たいへん質素な暮らしをしている人でした。

天涯《てんがい》孤独で兄弟、親戚もなく、結婚もせず、子どももなかったといいます。

家にあるものは、家具から調理道具まで数十年、使っているものばかり。それは、「古くていいもの」ではなく、ただ「古いもの」であり、服も古い普段着が数着。「買い物をするのは食料品ぐらいね」といって、ほとんど出かけず、ガーデニングをしたり、古い本を読んだりして過ごしていました。

ところが、年に数回、こんなふうに軽く言って出ていくのです。

「しばらく旅に行ってくるわ。マダガスカル島のバオバブという不思議な木を見たくなったから」

行き先は毎回ちがって、アマゾンのジャングルだったり、北欧の氷河クルーズだったり、オランダのチューリップ畑だったり……。若いころから旅行が趣味で、「ここに行きたい！」と思ったら、杖《つえ》を突きながら飛んでいってしまうのでした。

ほかにも、私の暮らす離れに新しいバスルームを設置してくれようとしたり、眼の手術で入院したときは「わたくし、人といっしょの部屋で寝るのが苦手で……」と一日数万円する特別室に入ったり、ときどき、びっくりするほど豪快にお金を使うので、尋《たず》ねてみました。

「これまで、どんなお仕事をされていたんですか？」

「普通の高校教師ですよ」

「でも、どうしてそんなにお金をもっているんですか？」

「あら、簡単よ。普段はあまり使わないから、貯まっていくの。昔、銀行員をしていた父から、よく教えられたものだわ。お金の使い方は〝水道の蛇口〟と同じ。毎月、入ってくる量が同じであれば、普段は蛇口を閉めておいて、本当に欲しいものがあるときに、ジャーッとひねって出せばいいだけ」

なるほど、自分の意志で、蛇口を開けたり閉めたりしていれば、お金の問題は調整できるというわけです。

大家さんは質素な暮らしをしているために、「ここぞ！」というときに使えたのでした。

また大家さんには、庭の剪定《せんてい》や重たい買い物など、代わる代わる手伝いに来てくれる男性の老人が数名いました。聞くと、50年前の教え子たちとか。

「先生にはたいへんお世話になったので、月1回ずつ交代で手伝いに来ているんです」

こんなふうに、人とのつながりを保っておくのも、お金を使わずに暮らし、「出ていくお金を減らす」ためのひとつの方法なのでしょう。

大家さんは、「自分を喜ばせてくれるものはなにか?」をよくわかっている人でした。

生き方がぶれることはなく、決断が速い人でした。

ただの節約家ではなく、いくつになっても自分の経験や学び、人を喜ばせるためにお金を使える人は、最高に格好いいと、私は思ったのです。

お金の問題は、生き方の問題でもあります。

まずは、「自分はどう生きたいのか」。

そのために、いくら稼ぎ、いくら使うのか。

そこからお金の問題も見え、解決方法も見えてくるのです。

自分の価値が上がるポイント

03

お金の収支は〝水道の蛇口〟。自分でひねって調整する

04

目先のお金にコントロールされない

そもそも、「お金」というものがどんな性質のものなのか、わかっていないのも、不安の理由かもしれません。

あなたは、お金に対して、よくない感情をもっていませんか？

「お金はありすぎても、なさすぎても、不幸になる」

「お金を稼ぐには、相当な苦労をしなければならない」

「私はいつもお金の使い方をまちがってしまう」などなど。

なかには、「世の中、お金がすべて」と、仕事や恋愛、結婚、日々の暮らしなど、お金を基準に選択をする人、「お金が諸悪の根源」と、お金にあまり縁のない生活を自ら送ろうとする人もいるかもしれません。根っこで、お金に対する過信や不信感があるから、お金のことを考えるとき、不安や後悔、怒りなど、よくない感情をもってしまうのです。

そうして、こうしたマイナスの感情に取り込まれると、お金に振りまわされてしまうようになります。

自分にとって、本当に大切なものに気づきにくくなってしまうのです。


たとえば、私の留学先であった台湾で、学生たちが、いちばん就職したい会社の条件は、「高（給料が高い）」「近（家から近い）」「短（残業がなく、働く時間が短い）」だそうです。

とくに、「高」はいちばんの優先順位で、教授たちは学生に就職先を紹介しても、ほんのわずかでも給料の高い会社を見つけると、すぐに転職してしまうので、「やっと慣れてきたところだったのに」「会社から期待されていて、数年後はいい仕事ができるはずだったのに」「また一からやり直しではないか」と残念がっていましたっけ。そして、「もうアイツには推薦状は書かない！」となり、大切な信頼まで失ってしまうのです。

目先のお金にコントロールされて、将来の喜びや、人との信頼関係を失ってしまうのは、もったいないことです。

だからといって、自分が「お金をコントロールできる」「自分の思い通りになる」と考えるのも、少し傲慢《ごうまん》な気がします。

お金が入ったり出たりするのは、自分の意志だけの力ではなく、ときの運や時代の経済状況、職場環境など、さまざまなことが関係しているからです。

お金というのは、私たちの幸せをサポートしてくれるためのひとつの〝手段〟であり、有り難い〝味方〟ではないでしょうか。

「お金を稼ぐ」「お金をもつ」のが〝目的〟になってしまっては、本末転倒です。

お金にコントロールされるのでもなく、お金をコントロールするのでもない。お金を、「心から信頼できる友人」と考えてみるといいでしょう。

お金との関係は、人間関係と同じ。相手への〝好意〟と〝信頼関係〟で成り立っているのです。

人間関係がそうであるように、お金は、私たち自身の鏡です。

あなたがお金に不安や後悔があれば、お金に愛されることはありません。

あなたがお金に感謝と喜びをもっていれば、お金に愛されるようになるのです。

では、そんな友人のようなお金の性質は――。

＊お金は感謝すると力になってくれる
＊お金は呼びかけるとやってくる
＊お金は仲間がいるところが好き
＊お金は追いかけすぎると逃げる
＊お金は放っておくと、すねる
＊お金は疑うと、そっぽを向く
＊お金は信頼すると大物になる
＊お金は甘く見ると襲ってくる
＊お金はいっしょに喜んでくれる
＊お金は悲しみから救ってくれる

これらのお金の性質を知って、長い友人のように礼節をもってつき合おうとすると、お

金における成功体験が増えて、プラスの感情をもち、お金をさらに信頼できるようになります。

反対に、お金における失敗体験が増えると、マイナスの感情から不信感をもつようになります。

私たちが幸せになる方向、成長できる方向に進んでいけば、人もチャンスも、そしてお金も味方になってくれるのです。

自分の価値が上がるポイント

04 「お金を稼ぐ」「お金をもつ」を人生の目的にしない

05

ライフコースにある落とし穴を知る

台湾の大学院で、「日本女性のライフコースにおけるリスク問題」について研究してきました。「リスク」とは、起こりそうな危険性。つまり、人生の〝落とし穴〟のことです。結婚して育児中心になる専業主婦コース、仕事中心の就業継続コース、子どもが成長してから働き始める再就職コースなど、女性には「仕事×結婚」のさまざまなライフコースがあります。

それぞれのライフコースを歩んだ人たちに、「20代でリスクと感じていたこと」「実際に起こったリスク」を調査してみると、意外なことがわかってきました。「20代ではまったく予期していなかったリスク」が「実際につぎつぎと起こってきた」ということです。

20年前まで日本女性は、ほとんどが、「結婚したら、仕事を辞め、家事・育児に専念する」が主なライフコースでした。ところが、ライフコースが複雑になったために、これまでにないリスクが出現してきました。非婚や少子化、高齢化社会など、いまだかつてない時代を生きているために、これまで親の世代が培ってきたリスクヘッジでは通用しなくなったのです。

とくに多かったのは、「まさか育児後の再就職がこんなにたいへんだとは思わなかった」という正社員になることは叶《かな》わず、派遣社員、パートなどで仕事復帰した女性たち。「まさか40歳になっても結婚していないとは思わなかった」という未婚女性。「まさか離婚して、お金に困るとは思わなかった」というシングルマザー。「まさか夫が失業して、自分が働くことになるとは思わなかった」という専業主婦から正社員になった女性……。

「まさか、こんなことになるなんて思ってもみなかった」という女性が多いのです。

日本女性たちは、「育児で仕事を辞めるときに、何年か後の就職のことなんて考えられませんよ」「結婚するときに、離婚のことなんて考えないでしょう?」と言いますが、台湾女性から見ると、「日本女性は結婚や育児のために仕事を辞めるなんて、どれだけリスクの高い生き方をしているの！」と映るようです。

台湾女性たちは、「そんなリスク、最初からわかっているでしょう？」と言い、自分の仕事を決してあきらめようとしません。「まさか、こんなことになるなんて」は、通用しないと。

とはいえ、日本女性のキャリアは、自分たちだけの意思ではなく、家族や仕事環境の問題もあり、中断しがちです。育児だけでなく、夫の転勤、両親の介護などもあるでしょう。

そんな女性たちのリスクヘッジ（危険を避けること）には、段階ごとにつぎの3つの解決方法があります。

（1）いま、または将来、直面しそうなリスクを感知し、避けること

たとえば、社会復帰が難しいときは、育児期間に資格を取ったり、アルバイトから始めて、なにかのスキルを身につけていくのもいいでしょう。

子どもを抱えながらの仕事がたいへんなときは、仕事場の近く、託児所の近くの家に引っ越したり、両立ができそうな会社に転職したりして、準備しておくのもいいでしょう。

そのうち起こり得るリスクに、ひとつひとつ対策を打っていくのです。

（2）すでにリスクに陥った状態から抜け出すこと

すっかり落とし穴にはまってしまった状態のこともあるでしょう。

たとえば、貧困や家族関係のトラブル、子どもの病気など、「まさか、こんなことになるなんて」という状況になってしまったら、自分だけで抱えず、まわりの人たちや行政に助けを求めることです。万が一、食べるのに困る状況になったとしても、生命の危機を逃れる方法はいくらでもあります。心配することはありません。

（3）どんなことになっても、「自分の足で立つ力」を身につけておくこと

じつは、このリスクヘッジがもっとも重要といってもいいでしょう。

「自分の足で立つ」ということは、「相手からなにかを得られるのか」と考えるのではなく、「自分はなにを与えられるのか」を考えて動くこと。

依存するものを探すのではなく、自分の資源を使って、人生を切り開いていくことです。

どんなライフコースであっても、かならずリスクが潜《ひそ》んでいます。

たとえば、幸せいっぱいの結婚のときに、離婚を考える人はいないし、就職したときに会社が倒産することを考える人はいないでしょう。

それが起こるのが人生。どんな状況になっても、「自分の足で立つこと」ができれば、思いがけないリスクに直面しても、それほど動じることはありません。

何度転んでも、また立ち上がって進んでいけます。

そのためには、自分のなかに「提供できるもの」を構築していくこと。

「60歳で月収10万円」もそのひとつです。

就職で失敗しても、育児中のブランクがあっても、住む場所が変わっても、「提供できるもの」を積み重ねていければ、かならず、ふたたび歩き出すことができます。

これまでの地縁、血縁、会社組織などのつながりである「安心社会」が崩壊し、〝個〟がそれぞれ関係を結ぶ「信頼社会」になりつつあります。

これまで家族や企業で行われてきた教育や支え合い、助け合いなどリスクヘッジも個人で行い、うまくいかなかったら、それはすべて「自己責任」で片づけられてしまうでしょう。

だからこそ、「自分の足で立つ力」をつけていれば、自分の責任で自由に人生の道筋をつくっていけるのです。

どんな人であっても、自分の人生を主役として生きる権利も義務もあります。

私たちはもともと、自分の足で歩く力があるはずなのです。

自分の価値が上がるポイント 05

こうなったのは、だれのせいでもないことに気づく

第2章

働き方を変えれば人生が変わる？

自分が成長できる仕事を見つける

06

「稼げる仕事」より「成長できる仕事」を選ぶ

私はかつて20代30代の後輩たちに、こんなことを言っていたものでした。

「20代30代でお金がないのは恥じることじゃない。貧乏さえも楽しめる。でも、40代50代でお金がないのは、結構しんどい。貯金はなくてもいいから、仕事力はつけておいたほうがいいよ」

そして、当時の後輩たちに再会すると、よくこう言われるのです。

「アリカワさんの言ったことは本当だった。年取ってお金がないってツライね。最後に頼りになるのは、貯金でも、ダンナでもなく、自分の仕事だって、つくづく思う……」

そう、若いうちは、お金以外に、解決する道がいろいろとあるものですが、だんだん「お金さえあれば解決できる」ということが増えてくるのは事実です。

たとえば、単純なことですが、体調が悪いとき、お金に余裕があれば、タクシーで帰宅できるでしょう。家族には、「今日の夕食は、出前を取っちゃおうよ」と提案できます。家族旅行をしたいとき、子どもに習い事をさせたいとき、親孝行をしたいとき、または、自分がやりたいことがあるとき、勉強したいとき、パーティに参加したいとき、ドレスが欲しいときなど、あまり悩むことなく、目の前の問題をさっさと解決していけます。

お金がないと、悩みが深く、複雑になっていきます。

「ここはガマンしなきゃ」から始まり、「今月はほかのものを切り詰められないのか？」「この前、バーゲンで買い物をしたのがいけなかったのかも」とクヨクヨ悩み、「どうして私ってこうなんだろう？」と惨《みじ》めな気持ちになることもあります。

最後は、大切な人とお金のことでケンカをしたり、なにかに八つ当たりをしたりする惨事に至ってしまう場合もあるでしょう。

お金ですべての幸せを買うことはできませんが、お金が原因で、いまある幸せが崩れていくこと、人との縁が切れてしまうのは、多々あるものです。

20代30代はよくても、40代50代で貧困になってはいけない。

ましてや60代70代になって、お金に困るおばあちゃんになってはいけないのです。
自分の幸せを自分で守るために——。

さて、そのための解決方法として、若いうちに「稼げる仕事」でなくてもいい。
「成長できる仕事」を選ぶということです。

それはときに、しんどい思いをするかもしれません。

まわりを見ると、「なんだか損をしている」と感じてしまうかもしれません。
でも、仕事の本当の報酬が返ってくるのは、タイムラグがあります。目先の損得より、10年先のボーナスのために喜んで「損して得とる」です。

友人のなかに、30歳になって看護師になった女性、23歳で一度、育児のために看護師を退職して、30代で離婚、復職した女性がいます。
どちらも、数年は、臨時採用として、小児科、胃腸科、婦人科、外科など、さまざまな現場を渡り歩き、最終的に、ひとつの職場で経験を積み、リーダーとして活躍するまでになりました。

彼女たちが、当初、正規雇用としての高待遇を断っても、ずっと低い報酬で職場を転々としていたのは、「経験を積むため」「どこの職場でも働けるようにしておくため」です。「稼げる仕事」よりも、「成長できる仕事」を選んだために、「さらに稼げる仕事」をできるようになったわけです。

現在、40代50代で活躍している人のほとんどは、報われない時代があったものです。

逆に、40代50代で報われない状態にある人は、「昔はいい仕事ができていたのに」という人が多いものです。

社会のなかで、「いい場所があるよー」という都合のいい席が空いていることはありません。

自分の居場所は、自分でつくっていかなければ、手に入れることはできないのです。

人間、一生のうちのどこかで、もがいたり、つらい思いをしたり、苦労することになっています。

最初に苦労した人は、あとはラクになります。

人の真似をしたり、流されたりしてラクな道を行こうとしたら、そのあとで苦労することになります。

できるだけ若いうちは、「ラクなこと」より「少し難しいこと」を選んでください。

40代50代は、難しいことに挑戦したいと思っても、ラクなことを選びたくなることが多々あるものですから（笑）。

自分の価値が上がるポイント

06

「ラクなこと」より「少し難しいこと」を選ぶ

07

自分のなかの「下がる価値」「上がる価値」を見極める

あなたは、「年をとればとるほど、仕事はなくなる」と思ってはいませんか？

「いつまでこの仕事ができるんだろう？」と不安がっていませんか？

心配することはありません。

仕事は選ばなければ、いくらでもあります。

ただし、いまと同じ働き方をしていては、その仕事がなくなるのも無理はないでしょう。

人と同じものを提供しているだけでは、その価値は低下していきます。

相手は、新しいものを欲しがるようになるからです。

銀座の多くのクラブに数十年、通っている知人男性に、こんなことを聞いてみました。

「これまでたくさんの女性を見てきたと思うけれど、金運のない女性って、どんな人ですか?」

「自分の価値をよく見極められない女だね」

たとえば、こんな女性がいたそうです。

Jさんは、有名大学を出て英語が堪能なことから、インテリ男性に人気のあるナンバーワンホステスでした。家賃が数十万円する高層マンションに賃貸で住んでいて、ブランドの服、タクシーでの通勤、ギャンブルや遊びなど、入ってくるお金も派手なら、使うお金も派手……。ところが、バブル崩壊、景気低迷で客足は遠のき、Jさんも年をとっていきました。

それでもJさんは、生活水準を変えられないまま、ホステス稼業を続け、あるとき、ついに店側から解雇されてしまったのです。

姿を消して数年後、偶然に会ったJさんは、元ナンバーワンホステスの面影はなく、別人のように老《ふ》けていました。家は郊外の安いアパートに引っ越し、仕事は、デパ地下などでのマネキン(商品販売のデモンストレーション)をしていて、その仕事も、ベテラン優先のシフトが組まれ、まわってこないことがあるとか。

Jさんは、「まさか、自分がこんなふうになるなんて思わなかった」と、ひっそりと生きていたそうです。

知人男性は、こんなことを言っていました。

「ホステスの価値は、年をとれば下がってくる。そのことを自覚している賢い女性は、若いときにマンションを買ったり、別な仕事に転職したり、自分でお店を開いたりして、つぎのステージへの一手を打っている。そして、潔《いさぎよ》く、さっさと辞める。いつまでもダラダラと同じ場所に留まっている女性は、大抵、お金に縁がないね」

Jさんは、自分の価値が下がってくることを真剣に受けとめ、未来のことを考えていなかったために、自分のなかにある価値に目を向け、活用できなかったのかもしれません。

年齢とともに、「下がってくる価値」があれば、「上がってくる価値」もあるのです。

かつて、海外の社会貢献をするNPOで事務の採用面接をしていたことがありました。

週3回のパートであったため、多くの主婦たちが面接にやってきました。

「これまで事務の仕事しかしたことがなくて、事務しかできないんです」

と、多くの女性たちは言うものですが、数十年前の事務。パソコンのスキルも、メールの書き方もままならないのです。

しかし、そんな女性たちも、コミュニケーション能力が優《すぐ》れていて、人に説明する力、人の話を聞く力があったり、多くの作業を片づけていくバランス感覚があったり、いろいろなことに心配りができたりする俯瞰《ふかん》力や包容力があったりして、安心感があるのです。

NPOの会員さんたちは、ほとんどが高齢者。若い女性が活動を説明しても、理解できなくても、40代50代の女性が話すと、気持ちよく応じてくれることもありました。

パソコンのスキルは必要に迫られれば、大抵の人はできるようになるものですが、このような能力は、一朝一夕《いっちょういっせき》には身につきません。

若い女性にはない能力を、彼女たちはすでにもっていたのです。

「いつまでこの仕事ができるんだろう？」と不安があるなら、10年後、20年後を見据《す》えて、働き方を変えていく必要があるかもしれません。

現場で動きまわっている人であれば、リーダーになって人を動かしたり、これまで培ったスキルを教えたりすることもできるでしょう。いま、若い人が対象の仕事をしているなら、ターゲットを中高年にしてみるのもいいかもしれません。

若い人とパイを奪い合う仕事をしていても、未来はありません。

20代、30代、40代……と、社会が期待している役割は変わってくるのです。

「自分は10年後、どうなっていたいか?」を考えて、動き始めましょう。

自分の価値が上がるポイント

07 若い人と競わないでいいステージに立つ

08

「求める場所」より「求めてくれる場所」に行く

先日、50代のある男性が、こんなことを言っていました。

「60歳で定年になって、そこから65歳まで非正規雇用。第一線からは退いて、倉庫の管理をしたり、子会社で使われたり。65歳で退職したら、シルバー人材センターから、マンションの管理人や清掃の仕事をもらって、やれるところまで仕事をしていくんだろうなぁ」

彼は、車のナビゲーションシステムなどを制作しているエンジニア。それでも、60歳を過ぎると、必要とされなくなっていくというのです。

「その技術は、海外で使えるんじゃない？」と提案すると、

「自分程度の技術じゃ難しいだろ。英語は使えないし、いまさら海外なんて行けないよ」

でも、そんな第三のステージを、いまから意識していれば、チャンスは巡ってくるかも

しれません。

東南アジアでは、定年後の日本の技術者が、第一線で働いているのです。

私がいた台湾でも、若者から高齢者まで、活躍している姿を見かけることがありました。

男性であれば、ＩＴ関連だけでなく、農業や酪農《らくのう》の指導だったり、飲食店経営の協力だったり。日本で歴史の教員をされていた方が、定年後、台湾の大学や日本語学校で、主に戦国武将について教えていることもありました。

夜市《よいち》でたこ焼きの屋台を出している人、日本人向けの民宿を経営している人もいます。

女性であれば、お茶やお花の指導、日本料理の教室や古民家カフェを開いたり、ネイルの技術を教えたり、アクセサリーブランドを立ち上げたり……。

それができるのは、日本人ということが、〝価値〟のひとつになっているからです。

自分は「あたりまえ」だと思っていることでも、海外の人にとっては、魅力的な資源があります。

〝日本人〟というのは、仕事が丁寧で、きっちりしたイメージがあるので、海外では仕事をしやすいのです。私たちが受けてきた家庭や学校での教育、社会での仕事経験なども、間接的な価値になっているでしょう。

いまいる場所では〝価値〟がなくても、場所を変えると、〝特別な価値〟になることがあるのです。

日本のなかでも、都会から地方に場所を移すことで、オンリーワンになって、価値を上げていくことができます。

たとえば、あるイラストレーターは、青山でオフィスを構える売れっ子でしたが、人気絶頂期に、祖父母の家がある鹿児島に、家族と移り住みました。

彼はこんなことを言っていました。

「青山でオフィスをもつなんて、そこそこ有名になった人たちがみんなやっていることで、つまらない。それよりも、人とちがう視点をもったり、経験をしたりしたほうがいいって思ったんだよね」

そんな都会的なイラストレーターはなかなかいないことから、地域の商品開発や広告デザイン、地域活性や若手の育成など、さまざまな活動に引っ張りだこになり、都会にいたときよりも、活躍の場が広がったようです。

反対に、私は地方から東京にやってきました。

「ものを書く仕事を続けたい」と思ったものの、地方では仕事が限られていました。

でも、出版物のほとんどが出ている中心地、東京なら、「きっとどこかに私ができることがあるはずだ」と思ったのです。

商売の基本は、「必要としている人たち」に、「必要としているもの」を提供することといいます。

ならば、自分が「求める場所」より、自分を「求めてくれる場所」に行ったほうがチャンスはあるのです。

多くの人は、「住む場所を変えるなんてできない」「新しい場所に行くのはたいへんなことだ」などといいます。「ここでなきゃ生きられない」という人もいます。

もちろん、生まれ育った場所で暮らすことを幸せとする生き方もあるでしょう。

昨今は、地元志向も強まっているようです。

でも、「ずっとそこに住む」と考えるのではなく、旅をするように、「しばらく暮らしてみよう」「数年、勉強に行ってみよう」「一年のうち、半分、暮らしてみよう」というのもありだと思うのです。

場所を変えて価値を上げる稼ぎ方があります。

選択肢は無限にあるのです。

自分の価値が上がるポイント

08

自分の能力を発揮できる場所を見つける

09

「だれにでもできる仕事」から「自分だからできる仕事」へ

「100万円も稼げない私はちっぽけな存在？」

「自分の仕事は、だれにでもできる仕事？」

と思う人もいるかもしれません。

仕事の価値や収入と、人間的な価値はまったくちがう問題です。

私がお伝えしたかったのは、だれであっても、仕事の価値を高め、稼ぎ力をつけていく方法はあるということ。

そして、「だれでもできる仕事」を「自分だからできる仕事」にしていく方法はあるということです。それには、つぎの3つの方法があります。

（1）「＋α」の付加価値をつける
（2）人がしないことにエネルギーを投入する
（3）しぶとく居座る

ひとつずつ見ていきましょう。

（1）「＋α」の付加価値をつける

先日、タクシーに乗ったら、ドラえもんのシートカバー、クッション、ぬいぐるみなどに囲まれた〝ドラえもんタクシー〟でした。運転手さんとドラえもんの話で盛り上がったのは言うまでもありません。ＳＮＳで紹介したところ、「そのタクシーに乗りたい！」とのコメントが続々とあったのでした。

東京で有名だったジャズタクシーの運転手さんは引退されたそうですが、お客様の記念日や景色に合わせて、音楽を演出するサービスが受け、90分１３０００円という高額料金でも、遠方からのお客様が後を絶たなかったとか。

こうした「＋α」のサービスをすることで、仕事は「自分だからできる」特別な仕事になっていきます。

「老後は、保育ママをして暮らしたい」という人も、与えられた仕事をしているだけでは、ほかの人たちとパイを奪い合うことになります。いずれ外国人労働者が入ってくるかもしれません。

子ども英会話を教えられる保育ママ、読み聞かせが抜群にうまい保育ママ、お母さんたちに食育の指導ができる保育ママなど、自分の得意なこと、自分にできることを加えることで、引っ張りだこの保育ママになる可能性もあります。「＋α」の報酬を生み出すこともできます。

「私のような人は、どこにでもいる」というなら、人から「あなたのような人は、なかなかいない！」という存在になるよう知恵を働かせ、時間をかけて準備していきましょう。

（2）人がしないことにエネルギーを投入する

これから語学を勉強するなら、だれもがやっていないようなニッチな語学を学ぶといいでしょう。本を読むなら、だれもが読んでいるベストセラーではなく、自分の興味のあるジャンルのなかから、あまり人が読まないような本を選ぶといいでしょう。仕事以外の時間は、仕事と関係のない人や世代のちがう人と会って、新しい価値観や情報を取り入れるといいでしょう。

人が知らない情報を知っていたり、人がやらない経験をしていたりするのは、直接的でなくても〝稼ぎ力〟に結びついてくるものです。だれもが知らない情報を提供できたり、自分なりのアイデアを提案できたりするからです。

テーブルの掃除をするときは、人と同じように表面を拭《ふ》く人は多いものですが、テーブルの裏側、脚の部分を拭く人はあまりいません。

また「こんな仕事、だれもやりたがらない」という仕事に、率先して手をつける人も、あまりいないでしょう。他人から見れば、「面倒くさそう」「たいへんそう」と思われているような仕事です。

でも、同じエネルギーをかけるなら、人と同じことをやるよりも、人とちがうことに、エネルギーを投入したほうがずっと喜ばれ、評価もされるのです。

じつは、いま稼いでいる人たちの仕事の最初は、「人がやりたがらない仕事」がほとんどでした。「宅配便を最短期間で届ける」「24時間、店を開ける」「どこよりも安い価格で提供する」など、それに敢《あ》えて飛び込んでいったから、つぎのステージもあったのでしょう。

私たちは、身のまわりのちいさな市場で「だれもしていない仕事」を狙《ねら》えばいいのです。そこは独占状態になり、大きな報酬やチャンスがもたらされるものです。

自分にしかできない仕事を見つけるのは難しいけれど、人がしないことをするのは案外簡単なのです。

（3）しぶとく居座る

「だれでもできる仕事」を「自分だからできる仕事」にしていく方法の3つ目は、ひとつひとつの仕事を丁寧にしながら、とにかく、しぶとく居座ることです。

10年20年もすれば、埋まっていた席からはライバルが徐々に消えていき、席はガラガラに空いている状態になります。あなたは、独自の仕事が自然にできているはずです。

自分からアピールしなくても、だれもがあなたの価値を認めるようになっているでしょう。

多くの人は、「やっぱりムリ」と、自分からあきらめて脱落していくので、いつまでもまわりから一線を画せず、もったいないことになってしまいます。

途中、休んでもペースダウンしてもいいのです。続けることより、やめないことが大事。やめずにいれば、だれでも、それなりの価値は出てきます。

会社でも、業界でも、仕事でも、なんでもしぶとく居座ることが、自分の価値を高めていく重要な条件のひとつなのです。

自分の価値が上がるポイント

09 ライバルは自然に消えていくものと心得る

10 好きなことを仕事にするか、いまの仕事を好きになるか

数年前、台湾を旅して、山間の民宿に泊まったときのことでした。夜、リビングで民宿のご主人と話をしていて、ふと壁を見ると、こんな貼り紙がありました。

「ベトナムコーヒーあります——一杯100元」

かわいらしいイラストまで添えられています。

「台湾でベトナムコーヒーなんて珍しいですね。ぜひ飲ませてください」

と注文したところ、なかなかコーヒーが出てきません。

きっとコーヒーが落ちるのに時間がかかっているんだろうと待っていると、アオザイを着た美しいベトナム女性が、大きな籠《かご》いっぱいに何客ものコーヒーセットを入れてやって

きたのでした。

そして、本格的なフィルターをひとつひとつのカップにのせてコーヒーを蒸らし、丁寧にお湯を注いで、ぽたりぽたりと滴が落ちていく様子を披露《ひろう》してくれました。

まわりにいた子どもたちも集まってきて、興味深そうに見守っています。

ついには、そこにいた十人ほどの全員が「私も飲みたい！」と、コーヒーを注文することになったのです。

そのベトナムコーヒーのおいしかったこと！　しかも、一杯のコーヒーのために、アオザイを着て髪をきれいにまとめ、時間をかけてデモンストレーションまでしてくれたことに、私は心から感動して、１００元のコーヒーに、１０００元払ってもいいとさえ思ったのです。

民宿のご主人の話によると、彼女は、近所の農家に嫁いできたベトナム女性。嫁のいない台湾の農家では、40代50代の男性が20代のベトナム人と結婚することはよくあることなのです。

彼女は、1年ほど前、民宿を建設しているときから、前をウロウロして、なにか話しかけたそうにしていましたが、ある日、意を決したように、ご主人にこんなことを言ってきました。

「私は昔、ベトナムの喫茶店で働いていました。おいしいベトナムコーヒーを淹《い》れられます。ぜひ私を働かせてもらえませんか？」

「うちは、お客さんも少ないから、雇うことはできません。でも、もし、ベトナムコーヒーが飲みたいというお客さんがいたら、あなたを呼びましょう。それでもいいですか？」

ご主人がそう答えると、女性は大喜びして、とてもきれいに、ベトナムコーヒーの貼り紙を描いてきたのでした。

彼女はベトナムから嫁に来て、ほとんど家から出してもらえず、稼ぐ手段もなかったといいます。近所に民宿ができたのは、彼女にとって、その状況から脱する唯一のチャンスだったのです。

祈るような気持ちで描いた貼り紙を見て、さらに胸にこみ上げてくるものがありました。彼女が「ほかに仕事が見つからないので、仕方なくコーヒーでも淹れようか」という気持ちであれば、こんなふうに、人を感動させる仕事にはならなかったでしょう。

ひとつのちいさな仕事を渾身《こんしん》の力をこめてやろうとする情熱が、仕事を価値あるものにするのです。

〝稼ぎ力〟をつけていくのには、さまざまな方法がありますが、根底に仕事に対する〝情熱〟がなければ、結局、長続きしません。

インターネットのアフィリエイトやFX、株、先物取引など「儲かりそうなことをしよう」という気持ちで始めた人は、うまくいかない例が多いものです。

そこには、〝情熱〟がないからです。

仕事は、好きなことを仕事にするか、自分のやっている仕事を好きになるか、どちらかしかありません。

嫌々やっていれば、仕事はつまらないものになるでしょう。

多くの人は、お金のために嫌々働いているから、結果が出ないし、稼げないのです。

あなたが、本当に稼ぎたいと思うなら、お金のことは脇に置いて、人に喜んでもらうために、ひとつひとつの仕事に丁寧に取り組むことが大切です。

どんな仕事であっても、丁寧にやっていれば、心がこめられ、情熱をもつようになります。

仕事は面白くなり、苦しいことも乗り越えて長期間、やることもできるでしょう。

心をこめているから丁寧にするのではなく、丁寧にするから、心がついてくるのです。

情熱があれば、お金はかならず、あとからついてきます。

「情熱のあるところに、お金は集まる」。それは、お金を稼ぐ絶対法則なのです。

自分の価値が上がるポイント

10 「好きになれそう」という気持ちを大事にする

第3章

いまのままでは報酬が低すぎる？

仕事で必要とされる人になる

11

自分をまっすぐに見て戦略を立てる

「自分を信じる」という意味をまちがっている人がいるようです。

自分を信じることとは、自分を「やればできる！」「稼ぐことができる！」と過大評価することではなく、〝いまの自分〟をまっすぐに見つめて、そのうえで、自分なりの戦略を探ることです。

現実を正しく見つめなければ、行きたい方向に足を進めることはできないのですから――。

私が40歳を目前に「ものを書く仕事をしたい」と上京し、最初についた仕事は、宅配便の仕分け作業でした。

夕方6時から朝6時まで、集荷した段ボール箱を、配送先の地域ごとに分けていく作業です。重たい荷物がもてず、ヨロヨロとして失敗ばかりしている私は、まったく役に立たず、いっしょに働いている人に迷惑ばかりかけていたものです。

「どんな仕事だってできる！」と思っていたけれど、ここでは「なんの役にも立たない自分」であることを認めざるを得ませんでした。

つぎに働いた苦情受付のテレフォンオペレーターの仕事は、仕事は割合できたものの、年下の女性社員たちのストレスのはけ口のように扱われていました。

その職場では、社員が派遣社員、アルバイトにつらく当たるのが常習化していたのでした。仕事さえしっかりすればいいと割り切っていたものの、「立場が弱い」ということを認めざるを得ませんでした。

本業であるつもりの「ものを書く」という仕事も、当初はなかなか見つけることができませんでした。インターネットなどでやっと見つけた広告原稿や、コピーライトのちいさな仕事で、1回のギャラは数千円、ときには、それさえもはぐらかされてもらえないことがありました。

それまでは勤めていた新聞社の力で、いい仕事をさせてもらったり、社外や取材先から大切に扱ってもらったりしていたけれど、「なるほど、自分ひとりの力は、この程度のものか」と認めざるを得なかったのです。

「現実を認める」ということは、ときとして、屈辱《くつじょく》的で、惨めなこともあります。

それでも、「いつか人の役に立って稼げるようになりたい」と思うなら、そんな自分の姿に目を背《そむ》けてはいけないのです。

それは、「このままでは終わりたくない」「なにか足掛かりを見つけて、この場所から、できるだけ早めに抜け出そう」というバネのようなエネルギーにもなっていきます。

ときどき、「自分は司法試験に合格する！」「会社の社長になって、年収1億円稼ぐ！」「絵本作家になる！」というように夢を語っていて、なかなか実現しない人がいるものですが、そんな人たちは、自分を信じているし、自分の未来も信じています。

しかし、自分をただぼんやりと過大評価していて、現状認識が甘いために、思考が停止してしまうのです。

逆に、「私はなにもできない」「私は稼げない人間だから」と、自分を過小評価してしまうと、これも思考と行動が制限されてしまいます。できるだけ安全な場所で生きていこうとするので、なにかに依存したり、なにかにしがみついたりするようになります。

本当の意味で自分に自信のない人は、自分をまっすぐに見ることができません。

自分が知らずしらずのうちに、過大評価、過小評価の罠《わな》に陥っていないかチェックしてみましょう。

自分を過大に評価することがなくなれば、周囲の状況も冷静に見えるようになります。自分を過小に評価しなくなれば、いまの不満や不安も自分の力で解決していけます。

素直な心になって自分を見つめれば、

「自分はいまどんな状態なのか？」

「行きたい場所と、いまの場所にはどれだけのギャップがあるのか？」

「それを埋めるためにはどうすればいいか？」

「どこに行ったら認めてもらえるのか？」

と、戦略を練られるようになります。

自分中心の目線でなく、ものごとの実相にしたがうことで、自分にとことん向き合って、

「いま、なにをすべきか？」を考えられるようになるのです。

自分を信じることは、自分を過信することではなく、自分をまっすぐに見つめて、自分の可能性をどこまでも追い求めていくこと。

どんな自分でも認めることが、本当のプライドであり、〝稼ぎ力〟につながっていくのです。

自分の価値が上がるポイント

11

自分を正しく把握《はあく》する素直さが、人を強く聡明にする

12 どれだけ人を喜ばせられるか

ここで、仕事の報酬とは、どうやって生み出されるのか？　考えてみましょう。

そもそも仕事とは、「自分のできること」と「人が求めていること」の接点です。

だから、自分には能力があるはずだと思っても、求められていることがわからないと空まわりすることになります。

逆に、人が求めていることがわかっていても、自分にそれをする能力がなければ、仕事にはなりません。


自分の仕事力と、相手のニーズの重なった部分で、仕事は成立していきます。

そして、大切なことは、あなたの仕事の価値を決めているのは、自分ではなく、他人であるということです。

たとえば、「私は30万円ぐらいの仕事をしているはずだ」と言っても、相手が「この仕事は20万円ですね」と判断すると、それは20万円にしかならないということです。

店頭で価格をぶら下げて売っているように、「私は30万円ですから」と表明していても、買い手がつかなければ、仕事は成立しないでしょう。

先ほど書いたように、私の仕事力は、肉体労働のフィールドではまったく価値になりませんでした。事務作業や軽作業も得意なほうではありません。

だから、報酬も最低限から増えることはありませんでした。

ものを書く仕事を目指して上京してきたものの、最初はなかなかうまくいきませんでした。

〝自分の持ち味〟がなにもなく、ただ与えられたものをこなしていく仕事ばかり……。

「こんな〝商売〟をしていては、未来はない。人と自分がちがうものはなんだろう？」

とあれこれ考えていて、あることに気づいたのです。

「私ほど、たくさんの職場を経験してきた人はいない。50以上の職種、上司や部下、正社員、派遣社員、嘱託社員など、さまざまな立場や地方や東京、海外の職場も経験した。ならば、すべての職場に共通するルールが書けるのではないか」

これまで中途半端でコンプレックスだと感じていたことが、じつは、人のために使える〝価値ある資源〟であることに気づいたとき、涙が出るほどうれしかったのです。

そうして生まれたのが、デビュー作『あたりまえだけどなかなかわからない　働く女《ひと》のルール』（明日香出版社）でした。

稼ぎ力を上げるいちばんの方法は、「いくらもらえるか」を考えるのではなく、「自分はどれだけ人を喜ばせられるか」を考えること。

〝自分目線〟ではなく、〝相手目線〟で、「相手が求めてくれること」を考えていれば、「自分にできること」が自然に見えてきます。

「自分にできること」のなかから、「人が喜んでくれること」を探してもいいかもしれません。

それが、「自分にしかできないこと」であれば、貴重な存在になるでしょう。

人に喜ばれる仕事をすれば、報酬はあとからついてきます。

あとは、仕事の価値を高めていく作戦を練ることです。

会社のなかであっても、「ひとり商店」を経営していると考えてください。**「いくら得られるか」よりも「自分になにができるか」を追求していくだけで、あなたの仕事力は高まり、10年後、20年後の報酬にちがいが出てくるでしょう。**

〝報酬〟というのは、〝給与〟だけではなく、「育児休暇後の仕事復帰がしやすかった」「職場で意見が通りやすくなった」「残業をしなくてもよくなった」など、さまざまな恩恵を含んでいます。

稼ぎ力を上げるためには、「ひとり商店」の店主として、お客様のニーズに応えていこうとする姿勢が大切なのです。

自分の価値が上がるポイント

12 自分にできることを追求する

13
報酬が返ってくるには、タイムラグがある

「仕事はキツいのに、給料が少ないのは割に合わない」

「こんなにがんばっているのだから、もっと評価してくれてもいいのではないか」

そんなふうに、自分の労働とその対価がつり合わないことは、多くの人びとの悩みとなり、ついには仕事を辞めてしまう人さえいます。

これは、「仕事の報酬＝給料」と考えてしまうからですが、このように考えてしまうと、いつまでたっても、報われることはないでしょう。

本当の意味で、労働が報われるのには、タイムラグがあるのです。

私がフリーライターになった当初、ギャラはたいへん安いものでした。

あるライター仲間は、「単価が1万円を切ったら断る。交通費が出ない取材も断る」と言っていましたが、私は、仕事の依頼を断ることはありませんでした。

まだ実績がないのに、やっと得られた有り難い仕事ですから、赤字になっても、引き受けたほどです。

ひとつひとつの仕事をできるだけ丁寧にやって返していたら、「じゃあ、こんな仕事もやってみる?」と、少し大きめの仕事をもらえるようになりました。

経験がない仕事でも全力でやったところ、「できるじゃない! じゃあ、この仕事はどう?」と、さらに大きな仕事が舞い込んできました。

そんなふうに仕事はどんどん大きくなっていき、いまは身に余る仕事をいただけるほどになったのですが、現在いっしょにお仕事をしている編集者さんは、フリーライター時代や著者デビュー当時から信頼を重ねてきた方々が多いのです。

年数がたつうちに、仕事相手のポストも上がっていき、大きな仕事をいただけるようになったこともあるかもしれません。

1万円出して1万円の料理を食べたり、10万円出して10万円の電化製品を買ったりすると、すぐにそれなりの満足感が得られますが、労働の対価は、そのような消費の性質とはちがっています。

本当の意味の報酬がもたらされるまで、タイムラグがあるのです。

仕事の本当の報酬は、〝信頼〟であり、〝仕事〟。

仕事において〝信頼〟さえ積み重ねれば、継続的に、〝仕事〟を生み出すことができます。

信頼の積み重ねは、つぎの仕事への〝足掛かり〟となって、さらにレベルの高い仕事や、責任のある立場など、さまざまなチャンスを引き寄せ、収入はもちろん、実績、人脈、地位など、確かな報酬になって返ってきます。

「こんなギャラじゃやれない」と言っていたライター仲間たちは、いつの間にか仕事がなくなり、転職していきました。つぎからつぎに新しいライターは増えてくるのですから、〝信頼〟がなければ、仕事も途絶えてしまうのです。

反対に、いま大きく成長している人たちは、「最初は、本当に報われなかった」という不遇の時代を過ごしてきているものです。

でも、あるとき、パッと花が開くように活躍し始めるのは、報われなかった時代に、まるで積立貯金のようにコツコツと〝信頼〟を積み重ねて、あるとき、満額のように返ってくるからなのでしょう。

「仕事の報酬は、仕事」というスタンスで仕事をしていれば、収入はかならずついてきます。

仕事が面白くなって、やり甲斐《がい》を感じ、成長のスピードも速まるでしょう。

会社員でそれほど収入が変わらないのなら、会社に貢献したことは、立場や発言力、また、転職をするときのスキルや実績などになっていきます。無駄なことは、なにひとつありません。

「新しい仕事を任せてもらえる」
「その場所で必要とされる人になる」
「自然に仕事や人を紹介してもらえる」

そんな〝信頼〟こそが、本当の意味での報酬であり、自分自身を支えてくれる〝安心〟となっていきます。

どんなにコンピューターが発達しても、テンポラリーな働き方が主流になっても、仕事の中心は人間であり、そこには人の〝情〟が生じているものです。

お金より大切なのは、〝信頼〟という報酬。

お金がなくても仕事はできますが、信頼がなくては、仕事はできないのですから。

自分の価値が上がるポイント

13

あの人に任せておけば安心といわれる仕事をする

14

なかなかアップしない給与の額には理由がある

働いていれば、収入の面で不公平感を味わうことがあるものです。

「仕事のできない上司が、自分の倍以上、給与をもらっているなんて許せない」

「同じ仕事をしているのに、男性のほうが昇進も給与も優遇されている」

「同級生が入社した会社はラクで高収入らしい。私、損しているかも……」

そんなふうに人と自分を比べて、「私は損をしている！」という気持ちから、相手への批判や、自己嫌悪になっていくことがあります。

仕事ができない上司に対して、部下たちは「給料泥棒！」と思うかもしれませんが、上司がその立場にいるのは、別のなにかが評価されているのでしょう。日本の会社にとっては、仕事のスキルよりも、これまで働いてきた〝歴史〟が大きく価値をもっているのです。

男性ばかりを優遇する会社であれば、〝男性〟ということに価値を置いているのでしょう。

ラクな仕事でも高収入を得られている同級生は、単に運がよかったように思われがちですが、それなりの資質を評価されて入社できたのでしょうし、目に見えない、なにかの価値を会社に提供しているのかもしれません。

「どうしてそうなのか？」と考えると、正しい、まちがっているではなく、会社がなにに〝価値〟を置いているのかが理解できるはずです。

「給与の額には、かならず理由がある」というルールがわかれば、無駄に悩むこともなく、自分なりに淡々と仕事をしていくようになります。


自分を認めてもらうチャンスは、人と対抗することでなく、「相手が本当に求めていること」を理解して、自分なりに提供できたときにあるものです。


報酬は、「能力がどれだけあるか？」で決まるものではありません。

もちろん、人間の価値を計るものでもありません。

でも、報酬は、社会が経済的に評価した「仕事の価値」ではあります。

世の中には、介護や育児サポートなど、人に喜ばれる価値ある仕事をしている人が、

「どうしてこんなに薄給《はっきゅう》なのだろう」ということがあります。

それは、社会保障制度やマーケットの問題もありますが、よくも悪くも「市場価値」ではあるのです。

あなたが収入の面で「不公平！」と思ったとき、つぎの3つのことを試みてください。

（1）見えない〝報酬〟に目を向ける
（2）自分が欲しい金額に合わせた働き方をする
（3）人と比べるのではなく、自分なりの稼ぎ方を見つける

もう少し、詳しく見ていきましょう。

（1）見えない〝報酬〟に目を向ける

報酬は、お金だけではありません。さきほどの介護や育児サポートなどの現場で、収入が少なくても、「やり甲斐がある」「感謝されるのがうれしい」と笑顔で働いている人が多いのは、〝喜び〟や〝満足感〟を得られているからでしょう。「成長できる」「仕事が面白

い」「職場の人間関係がいい」など、ほかの報酬を与えられている職場もあるでしょう。

収入以外の報酬に目を向ければ、たくさんのものを与えられていることに気づくはずです。

（2）自分が欲しい金額に合わせた働き方をする

「これ以上やったら働き損」とは、考えないでください。

「報酬がないならやってもムダ」ということもありません。やりたいだけ、やれるだけ、やればいいのです。思いっきり大サービスをすればいいのです。

その報酬は、お金でなくても、なにかの形でかならず返ってくるものです。自分が「与えたもの」と、まわりから「与えられたもの」は、ぴったりと帳尻が合うようにできているのは不思議なほどです。

（3）人と比べるのではなく、自分なりの稼ぎ方を見つける

現実を変えることはできません。人と比べても、あまり意味はありません。

ただ、いまの収入に不満があるのなら、現実を把握して、自分のできることを探っていくか、いまの職場で難しいようなら、力をつけて転職したり副業したりする道もあるかもしれません。

大切なことは、人がどうこうということではなく、自分の満足する収入を目指すこと。そのための稼ぎ方は無限にあることを忘れないでください。

給与の額に自分の人生を振りまわされるなんて、もったいない。
金額にこだわっていては、「自分の仕事」が、いつまでたっても見えてきません。
自分ができることにフォーカスすれば、お金はあとからついてくると思うのです。

自分の価値が上がるポイント

14 ここ一番で、ちいさな損得を考えない

第4章

どうすれば、もっと稼げる？

感情を整理して、稼ぐ力をアップする

15

再就職が引く手あまたの自分になる

私は、20代のころ、専業主婦になるつもりで、たいへんいい加減に仕事をしていました。塾講師や予備校職員、コンパニオンなど、面白そうな仕事を選び、先のことなんてまったく考えていませんでした。

ところが、当時の婚約者が失踪。数カ月は泣き暮らし、心底、思ったのです。

「男性だけに頼って生きる女にはなってはいけない」と。

そして、女性も男性同様にチャンスがあると聞いて就いた仕事は、衣料品店の店長でした。

4年半ほど、がむしゃらに働き、体がボロボロになって辞めるときに、そのキャリアがなんの使い物にもならず、仕事がないことに愕然《がくぜん》としたものです。

会社のなかでは、順調に昇進して一目置かれていたのに、会社を辞めると、ただの無職の女。「私は、これができます!」と言えるものは、なにももっていませんでした。数年間、がむしゃらに働いたことは、〝経験〟にはなっていても、〝経歴(キャリア)〟ではないんだと、思い知らされたのでした。

そこで、つくづく思ったのは、

「会社なしでは生きられない仕事人にはなってはいけない」

たしかに、男性にも、会社にもお世話になりながら生きてはいくけれど、「それがなきゃ生きられない」というのは、たいへん不自由で、生きづらくなってしまうのです。

男性や会社にしがみつき、相手にとっても面倒な存在になってしまいかねません。

私たちはつねに、会社の外を意識して、稼ぎ力を身につけていく必要があるのです。

たったひとりになっても、会社がつぶれても、生きていける人になることを意識して……。

凛《りん》として自分の足で立ち、自分の力を発揮している人は魅力的に映ります。

「いっしょにいてほしい」「いっしょに仕事がしたい」と思われることにもつながっていくのです。

どの業界であっても、能力のあると認められている人、「この人と仕事がしたい！」と思われる人には、仕事の依頼や引き抜きが絶えません。

しかし、失業しても、声がかからない人が大勢いるのが現実です。

日本の終身雇用制は崩れつつあり、とくに女性は、新卒から定年まで同じ職場で働き続ける人は、少ない存在でしょう。

ひとつの会社に属して、営業事務や総務、経理事務など、さまざまな職種をするのが日本的な働き方は、長期間にわたって会社にお世話になり続けることが前提でした。

もちろん、さまざまな職種を経験することは、ほかの職種をするうえでも、たいへん勉強になりますが、30代40代になると、自然に絞られていくものです。

これからは、営業、経理、企画など、ひとつの仕事でいろいろな会社を渡り歩く力のあるエキスパートを目指す時代です。「ひとつの会社」ではなく、「ひとつの仕事」を極めていくことが、自分を成長させ、自分を守ってくれるようになります。

ただ「営業をやっていました」ではなく、「全国で1位の成績を3回取りました」、「企画の仕事をやっていました」ではなく、「こんなイベントを成功させました」など、実績や経験などアピールできるものをつくっていく感覚も必要でしょう。

「自分に声をかけてくれる人がいるのか？」

「自分にいくら払ってくれるのか？」

それは、仕事力のバロメーターでもあります。

いまは、まったく声がかからなくても、稼ぎ力がなくても、10年後、それをつくっていくことは可能です。

それは何歳になっても、だれであっても、可能なのです。

自分の価値が上がるポイント

15

すべてを失っても、自分の〝稼ぎ力〟は残る

16

ちいさな仕事から、ちいさな自信につなげていく

衣料品店を辞めるとき、なんのキャリアもない自分に衝撃を受けた私は、それからは、「なんでもいいから手に職をつけよう！」「どこでも働いていけるようになろう！」と考え、まずは、着物着付け師範の免許を取りました。

義理の妹が、通っていた着付け教室から仕事も依頼されている様子も見て、「これは現金収入になる！」と、ピンと来たのです。

その着付け教室には、呉服店（着物を購入した人に、着付けサービスの特典がありました）や、ブライダル会社など、さまざまな着付けの依頼が舞い込んでいました。

たしかに着付けは、1回数千円から、振り袖で1万円、花嫁着付けでは数万円と、すぐに現金で支払ってもらえます。

師範の看板をもらうまで週1回ほど通って1年、約15万円ほどかかりましたが、1年もたたないうちに、それを回収することができました。

ただ、仕事は休日に集中していて、生活費を十分稼げるほどではないので、着付け教室を広げていく道を模索していたところ、あるブライダル会社から、「ブライダルコーディネーターとして働いてみない？　そこで着付けのスキルも生かしていけばいいじゃない！」とお誘いがあり、就職することになったのでした。

着付けのスキルをもっていたことで、就職の足掛かりになったのです。

着付けの仕事は、経済的に苦しかったフリーライター時代に、ずいぶん助けてもらうことになりました。知り合った方から、「あなた、着付けができるの？　じゃあ、こんどの結婚式で留袖着るからお願いできる？」などと、頼まれることがあったのです。

台湾で暮らしているときは、日本語を学ぶ大学や大学院の学生に、講師として浴衣の着付けや、着物だけでなく日本文化について教えに行ったり、日本人女性たちが結婚式やパーティなどに出席するときに着付けを頼まれたり……。着付けができる人が貴重なことから、知らない方からも人づてに依頼が来るほどでした。

着付けの仕事を始めたのは、「現金収入になる！」というお金の入り口でしたが、女性がきれいになって喜んでくれる笑顔を見るのは、それだけでこちらも喜ばしい気持ちになるものです。

もし、「私にはなにもスキルがない」という人がいるなら、着付け、ネイル、メイク、カラーリスト、アクセサリー制作、占い、セラピストなど、なんでも興味のあるスキルを集中的に身につけて、少しでも仕事にしてみることをおすすめします。

組織相手ではなく、手軽に個人を喜ばせるところから始めるといいでしょう。

スキルを身につけるときは、「いつか役に立つかもしれないから」というのんびりした気持ちではなく、最初から「すぐにでも、これで稼げないか？」と考えていることが大切。するとと、不思議なもので、どこからか「やってくれない？」と声がかかるようになるものです。

そのひとつの仕事を、渾身の力でやりましょう。

会社を通さなくてもできる、ちいさな仕事をやってみると、ちいさな自信が芽生えます。

人が喜んでくれるのを見ると、勇気がわいてきます。

それは、つぎの行動につながるのです。

「もっと勉強したほうがいい」「もっと実践したほうがいい」とつぎの課題も出てきます。すぐに稼げるようになるかは人それぞれですが、「仕事としてやっていく」という気構えとスキルがあれば、時間がかかっても、ゆっくりゆっくりでも、仕事はついてくるものです。

そうして、会社や組織を通さなくても、「自分の力で稼いだ」という実績をつくることは、自信になっていきます。

60歳を過ぎれば、多くはフリーランスの働き方になります。

個人的に頼んだり、頼まれたりすることも多くなるでしょう。

そのとき、「私はこんな仕事をしています」という〝看板〟をもっていれば、稼ぐ力だけでなく、自分を表現する力になっていきます。

それを意識して、ひとりでも稼いでいく〝フリーランス感覚〟をいまからでも身につけていきましょう。

初心者としてのスキルを身につけることは、それほど時間はかからなくても、「この人は本物だ！」「この人にやってもらいたい！」という大きな仕事力になるまでは、経験が必要になります。

だからこそ、「少しでも稼いでいこう」という気持ちを、30代40代でも、もっておくことが必要なのです。

自分の価値が上がるポイント

16

「こんな仕事をしています」と堂々と言ってみる

17

稼ぎ力をつける道は、ひとつじゃない

ブライダルコーディネーターになった私は、いつの間にか、写真撮影を担当するようになっていました。

イメージ通りの写真を撮ってくれるカメラマンがいなかったことから、「じゃあ、私がやってみます」と、自前で一眼レフのカメラを買い込んで撮り始めたのがきっかけでした。

「カメラマンの仕事をやっているなんて、どこかの専門学校に行ったんですか？」

「どこかのスタジオで修業したんですか？」

などと聞かれますが、学校で勉強したことも、修業したこともなく、独学です。

ほとんど教えてもらう期間はなく、カメラを手にしてすぐに稼ぎ始めたのです。

それでも、「いい写真を撮るね」と依頼が増え続け、ブライダルやポートレートだけでなく、料理や建物の広告写真、航空写真まで撮るようになり、数年後、独立してスタジオをもつまでになりました。モノクロフィルムは自分で現像、プリントして、個展を開いて、インテリアとして販売することもありました。

カメラや照明など機械の取扱は、パソコンが苦手で機械オンチの私でもできるほど簡単なものなので、問題はないのです。ただ、自分のイメージ通りの写真を撮るための、経験の積み重ねが、あまりにもありませんでした。あれこれ専門書を読んだり、自分で実験してみたり、わからないときは、ベテランのカメラマンに聞いたりしました。知人に頼んで、商品カタログを撮影している大きな会場を見学させてもらい、何日も、商品撮影の方法を見て盗むこともありました。

寝ても覚めても写真と格闘しているような日々でしたが、それはすばらしく充実した毎日でもありました。

そうした積み重ねがあって、なんとかかんとか〝稼ぎ力〟になっていったのだと思います。

いま、カフェやレストランを経営している人でも、「未経験だった」という人は多いものです。

お母さんたちが地元の食材を使ったおいしい料理を出してくれたり、世界中を旅してきた人が、現地で学んだ料理を提供してくれたり、パンやドリンク、コーヒーなどに特化して、人を感動させるものを提供してくれたりします。

彼らは、サービス業は未経験でも、「料理をすること」は日常的にやっているので、すんなりと仕事にできたのです。

自分のなかに「人を喜ばせるもの」があるときは、それを提供すればいいし、自分のなかになければ、それをつくっていけばいいでしょう。

料理を本気でやろうと思ったら、有名店で修業をする方法もあります。

がんばって貯金してから、海外の有名な専門学校に入る道もあります。

農場に住み込んで、いい米、いい野菜のつくり方から学んだ友人もいます。

ある友人の女性は、多国籍料理のカフェを開くために、世界中をまわる客船の厨房で数年間働き、世界の料理を学びました。しかも、その間、ほとんど船のなかでお金を使わなかったので、開店資金も貯められて、めでたく夢が実現したのでした。

目的はひとつ。「人に喜んでもらえるか？」ということだけなのです。

そこにたどり着くための道筋（方法）はいくらでもあります。「時間がない」「動きが取れない」なんて言い訳をしていては、10年たっても、同じ場所にいるだけです。

自分なりの方法はだれでも見つけられるし、足を進めていくことは、それほど難しいことではありません。いえ、難しいどころか、楽しくてたまらないことでもあるのです。

人が喜んでくれる笑顔を想像して、夢中で取り組む……こんなワクワクした喜び、人生にはそれほどないでしょう？

ものごとを成功させる鍵は、目的を見失わないこと。

自分がもっとも力を発揮できる方法を見つけて、そこに時間とエネルギーを集中することです。

自分の価値が上がるポイント

17

〝目的〟はひとつ。〝方法〟は無限大

18

就職できなくても、お金を稼ぐ方法はある

台湾留学中のゼミで、NHKのリストラのドキュメンタリーを観たことがありました。夫が失業、妻も派遣の仕事が打ち切りになる事態に、妻は、「家のローンも、子どもの大学の費用も払えない。このままだと引っ越さなきゃいけない」といって、ボロボロと涙。

ほかにも、子どもを抱えて働けない若い女性は、八方ふさがりの状態にシクシクと涙。

すると、台湾の女性たちは、「仕事がないのは、泣くことなの?」と不思議そうに言うのです。

「泣いている暇があれば、明日からでも屋台を引けばいいでしょう」と。

台湾では、多くの人が、雇われなくなったり、なにかいい商売を見つけたりすれば、自

分でなにかを始めたいと思っています。

「鶏口《けいこう》となるも牛後《ぎゅうご》となるなかれ」とは、よく言われることわざ。大きな組織の末端で使われるよりも、ちいさな集団でトップになったほうがいいと、多くの人は言います。

だから、都市部の家は、4~5階の建物を縦に細長く切り分けて分譲され、一階は軒先《のきさき》で商売ができるように空けてあるのです。

私が、台湾の女性たちに、「日本で飲食の仕事をするのは、許可をもらったり、設備を整えたりするのがたいへんなのよ」と説明すると、「でも、なにかできることがあるでしょう?」と、食い下がってきます。

そして、「失業した日本女性は、なんの商売をしたらいいのか?」の議論になったのでした。

「いちばんいいのは、コーヒーの移動販売。なにか言われたら、場所を変えればいいから」

「お弁当販売もいいんじゃない? 近くのオフィスなどから注文を集めて、届けるといいでしょう」

「最近、日本も働く女性が多いので、お掃除や料理の家事代行をしたらどうでしょう?」

「自分で商売すれば、子どもを近くに寝かせておけるから、安心だと思う」

「数をこなせば、派遣で働くよりも稼げるし、人を使えば、もっと儲かるかも！」

ぼんやりとした想像だけでなく、そろばん勘定《かんじょう》も忘れてはいません。

彼女たち、つまり、大学院の同級生たちの多くは、幼い子どもをもつ30代40代のお母さん。それが、フルタイムで働きつつ、大学の講義に出席し、レポートや論文発表を乗り越えていくのですから、ものすごいエネルギーです。

彼女たちのエネルギーの源は、やはり子どもたちで、「子どもを大学まで行かせたいから、私も学歴とキャリアを上げて、収入を上げていきたい」と言います。

だから、日本女性が「子どもがいるから働けない」というのは、納得がいかないらしく、「子どもがいるからこそ、もっと働かなきゃ」ともどかしそうに訴《うった》えるわけです。

「あの女性たちができることは、きっとあるはずだ」と。

もしかしたら、私たちは「商売をするのは難しいことだ」「子どもがいたら無理」「自分にはできない」と思い込んでいるのかもしれません。

「私にはできない」。そう思ってしまえば、お金が入ってくるのにもブロックがかかってしまいます。

数十年前の日本では、台湾同様、自宅の一階で、自分でつくったり、仕入れたりしたものので商売をしていました。行商をしたり、紙芝居をしたり、御用聞きに行ったり……そんな商売をしている人たちも多くいましたっけ。

時代が変わったんだろうか……と思っていたら、近所にたくさんの自宅ショップがポコポコとできていることに気づきました。

週末しか開いていないジェラート屋さん、古民家をリノベーションした喫茶店、数種類だけしか置いてないけれど、おどろくほどおいしいクッキー屋さん……。

どこも列をつくるほど、繁盛しています。

私が気に入っているのは、ちいさなおにぎり屋さん。

店のご主人が、「今朝は妻に叱られましたが、青空を見上げて元気になりました」など、思ったことを、ヘタウマのイラストとともに墨で書いて、店頭に貼っているのです。

新聞のように毎日変わるので、それが楽しみで、その道を通ってしまうほど。お腹が空いていると、おいしいおにぎりが食べたくなり……。

ともかく、私たちは、もっと気軽に商売を始めてもいいのです。

稼ぐ方法はいくらでもあると、イマジネーションを膨《ふく》らませてみましょう。

これからは、高齢者たちも、だれかに雇われることだけを考えるのでなく、自分の家や軒先で商売をする時代になればいいと、私は密かに期待しているのです。

自分の価値が上がるポイント 18

自分にできる「ちいさな商売」を考えてみる

19

週末ビジネスなら、ゲーム感覚で始められる

「人生は一度しかない。やりたいことをしましょう！」

「自分を信じて、夢を叶えましょう！」

などと言いますが、いまの仕事を捨てて、夢に生きるのは、リスクがあるものです。

そんな人は、週末の副業としてやってみるといいでしょう。

夢を現実にしていくのには、準備が必要です。

お金や生活のことも考える必要があります。

夢を見るのは、とりあえず土日だけにして、戦略を練っていく方法もあるかもしれません。

少し私の話に戻ります。カメラマンとして独立した私でしたが、平日はマーケティング

営業の仕事をして、週末や夜だけの活動になっていきました。

ある会社社長から、事務所の立ち上げと社員採用、営業部長としての仕事などを依頼されたからです。もともと私がいなくても、社長のエンジニアとしての力量だけで儲かっている会社でした。

「いくら払ったら、うちの会社に来てくれますか？」と言われ、十分すぎる金額のお給料をいただきましたが、私はいつも不安でした。

私のほうが、十分な仕事を提供できていなかったからです。

「人に喜んでもらえている」という実感もありませんでした。

しかし、週末、カメラマンとして活動することで、バランスをとっていたのかもしれません。写真スタジオは、半分、ヘアメイクのサロンにして、常時、女性美容師に働いてもらい、平日のお客をとるようにしました。ヘアメイクと撮影をセットにして、ポートレートやブライダルの撮影をすることもありました。

仕事が増えてくると、知り合いの〝週末カメラマン〟を数人確保して、仕事を振り分けるようになりました。彼らはサラリーマンをしながら、写真やビデオなどを趣味でやっていた人たちで、仕事として活動することで、プロフェッショナルとしての力量もついてきました。

その後、写真をやっていたことから、新聞社に採用され、編集の仕事をするようになったわけですが、それでも、週末はカメラマンとして駆けまわっていました。

仕事がつぎつぎに入ってくることもありましたが、私は、写真の仕事がしたくてたまらなかったのです。「喜んでもらえている」「いい仕事ができている」という実感があり、自分の心地よい場所であったからです。やりたいことをやっているので、休日がなくてもストレスを感じることはありませんでした（ただし、気をつけないと、肉体的な疲労を感じることはあります）。

その後、ジャーナリスト修業で世界を旅することになったときの資金を支えてくれたのも、副業の収入でした。

私の場合は、かつてやっていた仕事を、週末副業にしたパターンですが、なかには、これからやりたいことを、週末副業として試みていく人もいます。

会社員のある女性は、いつかラーメン店を開くのが夢でした。

でも、事務の仕事しかやったことがなく、調理やサービス業は未経験。

そこで、週末にラーメン店に直談判して働かせてもらうことにしたのです。

皿洗いから始まり、接客などを経験したあと、ラーメンづくりまで手伝わせてもらうようになり、数年後、ラーメン店を開店。現在は、二店舗目を開くまでになっています。

ほかにも、さまざまな週末副業をしている人たちがいます。

書道の先生、バーのマスター、小説家、漫画家、ライター、手品師、セラピスト、ランプ職人、人形作家などなど。せっかく副業するのなら、ただ「お金のために」ということではなく、可能性を探っていけるものがいいでしょう。これは経験上言えることですが、副業は、自分が心から「楽しい！」「やりたい！」と感じるものでないと、なかなか続かないのです。

「自分がなにに向いているのか？」「自分のなにを喜んでもらえるのか？」を確かめるためにも、副業はとても有効な手段です。

自分の能力が発揮できることであれば、報酬はあとからついてきます。

「60歳で月10万」の収入を得る戦略として、40代50代から副業で試してみるのもいいでしょう。

あるシングルマザーの看護師は、「いつか子どもたちが巣立ったら、ハープを教えて暮らしたい」と、週末に結婚式で演奏したり、養護学校の子どもたちに教えたりして、音楽の実績を重ねています。

ちいさな仕事でも続けていけるのは、副業だからできる、ということもあります。

ゲーム感覚で楽しみながら、気軽に挑戦できるのが、週末副業なのです。

自分の価値が上がるポイント

19

「お金のために」ではなく、「やりたいこと」をする

第5章

どうすれば、もっと貯められる？

賢く貯金するために知っておきたい大切なこと

20

「自分の幸せ」のために貯めると決める

私のお金に対する願いは、お金のことを考えず、お金のストレスフリーで生きること。お金に関係なく仕事をし、お金に関係なく人間関係をつくり、お金に関係なく欲しいものを手に入れることです。

必要なときは、「お金さえあれば……」ではなく、「お金があってよかった！」と、お金に感謝して使っていくことです。

お金のことを考えずに生きるために、日ごろからお金の性質をより深く理解し、尊重しながらつき合っていく必要があります。

それと同時に、自分の性質や欲求をよく理解し、自分にとっての幸せをわかっておく必要があります。

お金の知性を身につけ、一時の感情に流されないこともお金とうまくつき合っていく秘訣です。

これまで、稼ぐ力の重要さについてお伝えしてきましたが、「貯金がなくてもいい」というわけではありません。

たとえば、私を喜ばせてくれるもののひとつは〝旅〟。しかも、そのときの気分で、ふらりと出かける旅が好きです。少し時間ができたときに、ふと「ちょっと温泉に行ってこよう」、1~2週間の時間ができると、「前から行きたかったニュージーランドに行ってみよう」と実行するためには、それなりの蓄えが必要です。

そんな喜びが、生きるエネルギーを生み出してくれるので、貯蓄は、いわば、蒸気機関車を走らせている石炭燃料のようなものでもあるのです。

貯金というのは、「私たちの幸せ」のためのものです。

それなのに、貯金をすること自体が〝目的〟になってしまっているケースが多いようです。

ただ「老後が不安だから」「いつか必要になるかもしれないから」と、貯めているのは虚《むな》しく、それほど多くを貯めることはできないでしょう。

未来の漠然とした安心のために、いまの現実的な幸せを失ってしまうのは、もったいない。あとで楽しもうというのも、もったいない。いま、お金で買える本当の幸せや成長があるなら、喜んで使うほうがいいでしょう。


貯金が私たちの幸せを阻害するものであっては、いけないのです。


台湾で、世界的な大企業の創設者Kさんにお会いする機会がありました。

当時、Kさんは70代で会長を辞任され、週2回、会社に出勤し、あとは大好きな釣りをしたり、仲間とバイオリンの演奏をしたりして暮らしていました。

世界長者番付にもランクインするほどの大富豪でありながら、ずいぶん以前から財産をまったく子息に残さないと宣言。その莫大な資産で世界中の芸術品を集めて美術館をつくり、それを台湾の人びとに無料開放していました。

戦前、日本教育を受けたKさんは、幼いころに通った日本時代の博物館が忘れられず、優れたものに触れることは想像力を養い、人を成長させるという思いから、地元の人たちのためにお金を惜しみなく出しているのです。

「でも、子どもたちにお金を残さないなんて、ひどい親なんじゃない？」と思う方もいるかもしれません。

Kさんには、信念がありました。

「子どもには、自分の力でお金を生み出していく幸せを感じてほしい」と。

財産があっては、その幸せを奪ってしまうことになるというのです。

それは、Kさんが敬愛していた台湾総督府民政長官であった後藤新平の「金を残して死ぬ者は下だ。仕事を残して死ぬ者は中だ。人を残して死ぬ者は上だ」という言葉も影響していました。

後藤の時代、明治の世にも、お金をもっとも重要とする風潮はあったはずです。そんななかで、彼は、お金や仕事よりも、人を育てることの大切さを説きました。

〝人〟の資質こそが、企業や社会を繁栄させ、時代をつくっていくことを理解していたからです。逆に、中身のない人にお金や仕事を残しても、ろくなことにはならないということです。

話は壮大なものになりましたが、私たちは、「貯める」よりも、「貯められる人になること」が先決なのです。

また、貯蓄というのは、ただあればいいというものではなく、私たちの幸せや成長のためにあるものです。

だから、貯める目的も、貯金の使い方もさまざま。自分の目的のためには、「貯金はなくてもいい」という人もいるでしょうし、「100万円が必要」という人も、「1億円が必要」という人もいるでしょう。

「幸せ」のあり方は、人の数だけあるからです。

お金があるから、それなりの幸せがあるのではありません。

自分の目指す幸せのために、それなりのお金が必要なのです。

お金が先にあるのではなく、つねに幸せが先にあるのです。


あなたは、人生をどんなふうに生きたいですか？

あなたはどんなことに幸せを感じますか？

そのためには、なにが必要ですか？
そして、いくらあれば実現できますか？
そんな〝目的〟のために、貯蓄はあるものなのです。
すべては、あなたの〝幸せ〟が基準です。

自分の価値が上がるポイント
20
ただ貯めるのではなく、必要な額を貯める

21

貯める基準に、「他人のものさし」は捨てよう

漫画の『すーちゃん』で、すーちゃんが故郷のお母さんから「貯金はしとるの？」と聞かれる場面があります。

30代独身、カフェで働くすーちゃんの貯金は、十数年コツコツと貯めて２００万円。

その２００万円という額はどうなんだろう、これから大丈夫なんだろうかと、すーちゃんは自分自身で考えこんでしまう……というような内容だったと思います。

その本を読んだ人のなかにも、「すごい！　２００万円も貯金があるんだ」と思った人もいれば、「たったの２００万円？」と感じた人もいるでしょう。

「○○○万円なら大丈夫」とか「35歳なら○○○円は貯めておくべき」という正解はなく、「人のものさし」はさまざま。しかも、金銭感覚のちがいは、生まれ育った環境や教

郵便はがき

162-0816

恐れ入ります
切手を
お貼りください

東京都新宿区白銀町1番13号

きずな出版 編集部 行

フリガナ

お名前　男性／女性　未婚／既婚

(〒　-　)

ご住所

ご職業

年齢　10代　20代　30代　40代　50代　60代　70代〜

E-mail

※きずな出版からのお知らせをご希望の方は是非ご記入ください。

愛読者カード

ご購読ありがとうございます。今後の出版企画の参考とさせていただきますので、アンケートにご協力をお願いいたします。

[1] ご購入いただいた本のタイトル

[2] この本をどこでお知りになりましたか？
　1. 書店の店頭　2. 紹介記事（媒体名：　　　　　　　　　　　）
　3. 広告（新聞／雑誌／インターネット：媒体名　　　　　　　　）
　4. 友人・知人からの勧め　5.その他（　　　　　　　　　　　）

[3] どちらの書店でお買い求めいただきましたか？

[4] ご購入いただいた動機をお聞かせください。
　1. 著者が好きだから　2. タイトルに惹かれたから
　3. 装丁がよかったから　4. 興味のある内容だから
　5. 友人・知人に勧められたから
　6. 広告を見て気になったから
　（新聞／雑誌／インターネット：媒体名　　　　　　　　　　　）

[5] 最近、読んでおもしろかった本をお聞かせください。

[6] 今後、読んでみたい本の著者やテーマがあればお聞かせください。

[7] 本書をお読みになったご意見、ご感想をお聞かせください。
（お寄せいただいたご感想は、新聞広告や紹介記事等で使わせていただく場合がございます）

ご協力ありがとうございました。

きずな出版　URL http://www.kizuna-pub.jp　E-mail 39@kizuna-pub.jp

育、経歴などが影響して、とんでもなく大きな幅があるものです。

ところで、多くの人が貯金をする主な理由は、「老後の蓄え」「子どもの教育など将来の蓄え」など、〝将来〟のための準備だと言いますが、「将来のためにいくらあれば十分か？」と聞かれても、はっきりと言い切れる人はいないでしょう。

わからないからこそ、不安になり、だれからも強制されているわけではないのに、もっと貯めなくてはいけないような気になってしまうのです。

明確な不安材料があるわけでもなく、「不安な状況にあると思い込んでいる」のです。

そして、経済不況や、年金の受給年齢引き上げなどのよくない情報が入ってくると、さらに不安は増していきます。

こうした漠然とした不安に対する、漠然とした貯金は、いくらあっても足りないのです。どれだけあっても、「もっともっと」という気分になり、心は休まりません。

もう少し不安の正体を考えてみましょう。

不安を突き詰めていくと、「将来、お金に困ることになるんじゃないか？」という恐れに突き当たります。

しかし、将来の不安はほとんど取り越し苦労であり、自分がつくり出しているだけなのです。

不安がりすぎると、実際にそのような状態を引き寄せてしまうので、不安は「対策を打っておけ」という注意信号ぐらいに留めておきましょう。

お金の不安から解放されて賢く貯金をしていくためには、お金の知性と、考え方のクセが必要です。

自分のものさしで、「いくら必要か？」、貯蓄額の折り合いをつけていくことです。

具体的には、つぎの3つを心がけてください。

不安がっていても、安心していても、将来はやってきます。

だったら、できるだけ安心して過ごしたほうがいいのです。

（1）「足りないものを見る人」ではなく「あるものを見る人」になる

貯金の目標額をつくるのは、ひとつの方法ですが、「まだ○○円足りない」「この前、使って貯金が目減りした」などと嘆いていては、せっかく貯金していても不幸になるばかり。「幸せな貯金」というのは、お金が増えるたびに「幸せ！」「うれしい！」と喜べる貯金です。

マイナスの感情になっているときは、視野が狭くなっているということ。思い出してもみてください。私たちは、生まれてきたとき、自分という資源以外は、なにももたずにこの世にやってきたのです。したがって、始まりの貯金額は0円。いま貯金があるとしたら、それがわずかでも、「増えているじゃないか！」と喜ぼうではありませんか。

（2）〝他人のものさし〟を捨てること

他人がどれだけ貯金があろうと、財産があろうと、どんな価値観をもっていようと、それはあなたの人生には、まったく関係ありません。同僚や友人が買っているものや、世間の平均貯蓄額を気にする必要もありません。つまらない情報のために、あなたの人生を振りまわされることがあってはいけないのです。

まずは、貯金において、「～しなければならない」「～するべきだ」という、自分になにかを強要する言葉を使うのはやめましょう。

貯金というのは、なんの強制でも義務でもないのです。

自分の人生を決めているのは自分だという事実を自覚し、「私は～しよう」「私はこれでいい」というように、能動的、肯定的な言葉を使いましょう。

「貯金の額はいくらあれば十分なのか？」

それを決めているのは、〝自分のものさし〟だけなのです。

（3）自分の価値観でシンプルな貯蓄プランをつくること

貯蓄プランは、複雑である必要はありません。むしろ、シンプルで明確なほうが目的は達成しやすいものです。

将来の自己イメージを描き、「将来の備えに月1万円」「欲しい家具を買うために月2万円」など自分の価値観を反映したものをつくり、柔軟に変更していきましょう。

大切なのは、人生における優先順位を決めて目標を立て、そのための道筋を描いていくこと。プランニングというのは、目的を達成することも目的ですが、もっと大切な目的は、充実した〝いま〟をつくり出すことです。

あなたの人生をすばらしいものにするために、お金の計画性をもち、財政をコントロールしていくことを習慣化していきましょう。

あなたのいまの姿は、あなたの自己イメージを反映したものですが、経済状況もしかり。「これぐらいでいいかな」「いや、もうちょっといけそう」と考えることは、知らずしらずに現実をつくっていきます。毎月少しずつでも貯金していくことは、「もうちょっといけそう」という希望を与えてくれます。

「毎月、５０００円の貯金をしても意味がない」などと考えてはいけません。続けることで、お金だけではない、自分への自信が少しずつ積み重なっていくはずです。

自分の価値が上がるポイント

21 「毎月５０００円の貯金」が将来の自分をつくる

22

貯まらない人の4つのポイントを克服する

世の中には、収入は多いはずなのに、「ほとんど貯金がない。私、いままでなにに使ってきたんだろう」と嘆いている人もいれば、それほど収入はないのに、生活を楽しみ、ちゃっかり貯金もしていて、旅行をしたり、マンションを買ったり、老後の資金を確保したりしている人もいます。

なにがちがうのでしょう?

まず、お金のやりくり上手な人は、目的意識がはっきりしていること。
そして、無駄なところにはお金を使わないこと。

つまり、「必要・不必要」が明確なので、予算管理も貯蓄もしっかりできるのです。

「みんながこうしているから、私も……」といったマインドでは、お金は貯まりません。

「これくらいはいいだろう」といったマインドでも、お金は貯まりません。
お金が貯まらない人は、つぎのようなクセもあるものです。

*ちょこちょこ買い物をする
*ちょこちょこ引き出す
*分割払いにしてしまう
*セールや割引品に弱い
*誘いを断りにくい
*片づけができない

つまり、目の前のことに反応して流されてしまい、本来の目的を見失ってしまうのです。
そして、「ま、いっか」と自分に甘くなり、それが積み重なって、金運に見放されるような状態になってしまうワケです。

また、貯まらない人は、貯金の仕方にも問題があります。

たとえば、貯金しようと思っても、つぎのような人は、なかなかお金が貯まりません。
（1）残ったお金を貯金しようとする人
（2）ひとつの口座に貯金しようとする人
（3）できるだけ多くを貯金にまわそうとする人
（4）クレジットカードの支払いを把握していない人

心当たり、ありますか？　この4つが、どうして貯まらないポイントになるのか、ひとつずつ見ていきましょう。また、その改善策についても、「貯まる人」たちが日ごろやっている貯蓄の方法からご紹介します。

（1）残ったお金を貯金する

貯金ができない人のほとんどは、毎月、生活費や娯楽費など、いろいろな支出をしたあと、余ったお金を貯金にまわす方法を用いています。これでは「毎月2万円、貯金したい」と思っていても、口座にお金が残っているとついつい当てにして使ってしまうでしょう。目標金額や貯金期間もプランニングしにくいはずです。

〈改善策　貯金は天引きにする〉

これは収支のシンプルな原則ですが、これをつぎのように変えるのです。

「収入 − 支出 ＝ 貯蓄」

「収入 − 貯蓄 ＝ 支出」

本気で貯金をしたいのなら、銀行の自動振替などを利用して、お給料が入った時点で、別の口座に「先取り貯金」し、引き出せないようにしておくべきでしょう。収入から貯金を差し引いた金額をもともとのお金として暮らしていけば、貯金のことを考えなくても、知らずしらずにお金は貯まり、あとで大きな喜びを実感することになります。

こうしたオートマティックな〝貯まる仕組み〟は、貯める人がかならずやっている貯蓄術です。

（2）ひとつの口座に貯める

普通口座にすべてのお金を入れていると、いつでも引き出せるというマイナス点のほかに、貯蓄額が把握しにくいことがあります。この方法では、複数ある目標が頭のなかでもごっちゃになり、達成率も可能性も判断できにくくなります。たとえば、マンションの頭金用に貯めている大きなお金がある場合、結婚式の費用も新婚旅行代金も賄えるように感じてしまいます。マンションを買ったら、ほかの予算はなくなった、ということになりかねません。

〈改善策　お金は複数の口座に分ける〉

ひとつの口座で管理するのも〝貯まる仕組み〟ができてない証拠。計画的にお金を貯めるのであれば、貯金の目的別に口座を分けて確保したほうがいいでしょう。「どれ」に「いくら」貯まっているのか、その達成率が一目瞭然です。貯金を続けていくのには、シンプルでわかりやすく、そして、少しでも前に進んでいることを〝実感〟する必要があるのです。

（3）できるだけ多くを貯金にまわそうとする

多くを貯金することは、いいことではありますが、無理はいけません。「とにかく貯金！」「毎月、最大限に貯金をする」と、貯金をすることを最優先して、節約したり、買いたいものを我慢した結果、疲れてしまったり、家族仲が悪くなったりして、自分を慰めるために散財して、貯金は多かったり少なかったり……ということになりかねません。突然、「やーめた」とばかりに、挫折してしまうことになります。

〈改善策　毎月一定額を貯金する〉

毎月、決まった金額を忠実に貯金していれば、「どれだけ貯めるか」といちいち考えたり、「多かった・少なかった」と感情的になったりすることもないでしょう。毎月の貯蓄額を増やしたり減らしたりすることは、いつでもできるのです。あまったら、余剰金として、別な目的にとっておくのもいいかもしれません。貯蓄目標と、毎月の貯金は、持続可能なものでなければ意味はないのです。また、「ある金額で暮らす」「ときには贅沢を楽しむ」というメリハリや柔軟性をもちながら、楽しんで貯金できる感覚を大切にしましょう。

（4）クレジットカードの支払いを把握していない

翌月やボーナス月に持ち越したクレジットカードの支払金額を把握していない人は、支出管理がうまくいっていないといえるでしょう。カードは現金とちがって、お金を使っている感覚が乏しく、つい高額なものを買ってしまったり、ちいさい支払いが重なってしまったりすることも少なくありません。支出が把握できていないと、貯金を圧迫することになってしまいます。「先月、海外旅行に行ったときの支払いが今月来て、すでに赤字です」という事態も起こります。

〈改善策　カードで支払った分は今月分として確保しておく〉

カード払いしたものはメモなどして、〝翌月分〟として確保するのではなく、〝今月分〟として残しておくことです。カードやローンというのは、銀行やクレジット会社にお金を借りているのではありません。未来の自分からお金を借りているのです。

今月、1万円の洋服をカードで買ったのなら、預金のなかの1万円に手をつけず、翌月に持ち越しましょう。いろいろ使った金額を把握して、その合計金額が5万円であるなら、銀行口座に5万円はとっておき、翌月に引き落としてもらいましょう。

つまり、いまもっている金額の範囲内でカードは使うのが基本です。

それができないなら、現金での支払いをおすすめします。

整理しましょう。「貯まる人」の特徴は、シンプルに3つのことです。

（1）明確な目的意識をもっていること
（2）貯まる仕組みをつくっていること
（3）支出を把握していること

逆に考えると、これらができない人は「貯まらない」ということになってしまうのです。

自分の価値が上がるポイント

22

自分にとって必要なもの、不要なものを明確にしておく

23

想定外支出は、想定内として確保する

お金が貯まらない理由を聞くと、「急な出費が多くて……」という答えが返ってくることがあります。たとえば、こんな類《たぐい》のものです。

＊友人や同僚の冠婚葬祭費用
＊急な飲み会やレジャー費
＊家電の買い替え費用
＊車検代
＊税金・保険代
＊子どもの夏期講習費

＊親戚や友人への誕生日プレゼント

たしかに、このような出費が重なると、「今月は苦しい〜」ということになるでしょう。

でも、冷静に考えてみてください。

これらは、「たまたま起こった想定外支出」というものではなく、「あらかじめ予測できた想定内支出」なのです。

ただ、「自分ではコントロールできない」と思い込んでいるだけ。いえ、思い込もうとしているだけかもしれません。

貯金ができなかったことを「臨時出費があったから仕方がない」で済ませてしまえば、後ろめたい気持ちにもなりません。悪かったのは計画的に予算管理をしなかった自分ではなく、たまたま起こったことのせいだと責任を回避できるのですから。

こうした言い訳グセが身につくと、気分的にはラクですが、ちっとも貯金はできなくなります。

それはそれで、次第に大きな不安を招くはずです。

20代30代40代……と、人との関わりや社会的な責任が増え、臨時出費はどんどん増えるのですから、ますます感覚的にルーズになり、ますます貯金ができなくなるということになります。

「若いころは、ちゃんと貯金していたのに……」という人も、畳みかけるようにやってくる臨時支出に向き合うことができず、「貯めづらくなる」と感じているのではないでしょうか。

こんな負のスパイラルを抜け出すためには、スケジュール帳を用いて、予算計画を一年単位で立てることです。

仕事の年間計画を書き込むのと同様、1年のなかで、どんな支出が予測されるのかと、その金額をリストアップすることをおすすめします（あとで加えたり削ったりすることも可）。

それを、月ごとに落とし込んでいったり、済んだらチェックしたりして、「どんなお金が必要になるのか？」を把握しておくのです。

書いていれば、想定外だった支出は「予定支出」になります。なんとなく覚えていて、

「つぎのボーナスを、あの出費にまわそう」などと、お金の使い方や貯め方が変わってくるはずです。

口座のなかでも「予定支出」の枠を設けて貯めておくと、結婚式やつき合いがあったとしても、「えーー、また～？」などと、お金のことを考えて、ネガティブな感情にならなくて済みます。

「よかったねー、おめでとう！」と、心から喜べます。

お金のことをクヨクヨ考えずに生きるためには、起こりくる支出を見通して、貯めておくことも必要なのです。

自分の価値が上がるポイント

23 「マネースケジュール手帳」を習慣にする

24

「ワクワク貯金」と「安心貯金」で人生を支える

ここで再び、「貯金はなんのためにするのか?」について考えてみましょう。

人それぞれ答えはあるでしょうが、私にとって貯金とは、私をワクワクさせてくれる、たいへん有り難いものです。

ただ老後のために貯めるというのではつまらないし、それほど楽しい気分にはなりません。

「なんか欲しい」「どこか行きたい」というように漠然としたものでも、さほど喜びはありません。したがって、それほど貯まりません。

でも、「私たちの夢や目標を叶えてくれるお金」として具体的に考え始めると、ワクワク盛り上がってくるのです。

人は「それを手に入れたとき」よりも、「手に入れると考えたとき」のほうが、脳の快感物質は多く分泌《ぶんぴつ》されるという説もあります。

しかも、それは何度も何度も繰り返し、私たちを喜ばせてくれるのです。

たとえば、ある編集者の方が、ある日ふと、こんなことを思いついたといいます。

「どこかの国で開かれているブックフェアに参加できたら、どんなにすばらしいだろう」

それから、つぎつぎに具体的な疑問がわいてきます。

「どこのブックフェアに行く？」

インターネットで調べてみると、ドイツとイギリスのブックフェアが面白そうです。

「それはいつからやっていて、何日間くらいある？」

ロンドンで開催されるのが来年の初夏。3日ほどで、これなら参加できそう……。

「それに行くのには、いくらかかる？」

旅行のサイトで調べたり、詳しそうな人に聞いたりしていると、だんだんその場所にいる自分がイメージできてきます。

そして、「よし、がんばって仕事をして、お金を貯めようではないか」という気分になったそうです。「ロンドンのブックフェアに行く」という一点の目標に向かって、「貯める」「節約する」「段取りをする」という行動に変わっていったのです。

私にとっても、そんな「ワクワク貯金」は私の人生を支えてきたといっても過言ではありません。

こちらもスケジュール帳のいちばん前に「自分のやりたいことリスト」をつくり、年単位で管理していくといいでしょう（数年計画もあり）。

「クィーンサイズのベッドを買う」「京都に親孝行旅行をする」「イタリアに短期留学する」……自分がしたいことにはいくらかかるのか、貯蓄の目標額も書きましょう。

これは経験上感じることですが、本気で「これをしたい！」と思えば、お金はついてくるものです。なんとしてでも貯めようと節約したり、副業をしたりして方法を考えます。

「お金がないからできない」なんて言っている人は、永遠にできないのです。

自分の価値が上がるポイント

24

ワクワク貯金の目的を具体的に書き出していく

第6章

稼いだお金、貯めたお金はどう使う？

自分の努力を水の泡にしないお金の使い方

25

お金の使い方は〝過去〟に影響される

お金の使い方ほど、その人の本質を表現しているものはないでしょう。

それはもう恥ずかしくなるほど、私たちの本音や品格が現れてしまうのです。

たとえば、いくら「女性の美しさは内面から滲《にじ》みでてくるもの」と言っていても、高価なエステサロンに通っていたら、「そうは言っても、外見の美しさにこだわる人」と理解されるでしょう。

もし、お金がないのに、美容に多額のお金をつぎ込んでいたら、「なにか不安やコンプレックスでもあるのだろうか?」と思われるかもしれません。

本やセミナーにお金をかける人、ブランド品にお金をかける人、飲み代にお金をかける人、子どもの習い事にお金をかける人、ギャンブルにお金をかける人、家やマンションにお金をかける人……人それぞれですが、その人がなにを大切にしているのか？ まわりの人への虚栄心があるのか？ 流される人なのか？ その人となりが透《す》けて見えてきます。どれだけ口では取り繕《つくろ》っていても、お金の使い方は正直なのです。

かつて若い男性は、見栄えのする車にお金をかけていたものですが、昨今は車を買わなくなり、買ったとしても、お手軽な小型タイプが多くなってきました。これも、「身の丈にあったものでいいじゃないか」という肩の力を抜いた生き方を反映しているのでしょう。

また、困ったときに、その人の人格が現れるように、お金のピンチになったり、逆に、お金をもった非常時に、その使い方で品格が現れます。

お金は、よくも悪くも現在の自分の心を映すだけでなく、「こうありたい」という未来の自分、「こうして生きてきた」という過去の自分まで、表現されてしまうのです。

両親の金銭感覚や、過去の失敗も反映されます。

ある女性社長は、家が貧乏で修学旅行に行けず、母親に幼いころから「親はいずれいなくなる。親に頼らず、自分で生きられるようになりなさい」と言われ続けたことが、お金を稼ごうとするベースになっているといいます。

また、ある男性は、自由業の父親の影響もあり、アルバイトでまとまったお金ができると、東南アジアを放浪する生活を送るようになりました。

お金には物語があり、私たちの信条や世界観がそのストーリーをつくっています。

お金のトラブルに遭《あ》って学習することも、そのストーリーを形成していきます。

私もかつて、何度もお金で失敗したことがあります。

株で儲けたお金をあぶく銭のように使ってしまったこと。

信頼していた人に、預けていたお金を使われてしまったこと。

たった数百円のことで、大切な人と大ゲンカをしてしまったこと。

そんな経験をして、「お金を甘く見ると、たいへんな目に遭ってしまう」「目先の損得に気を取られると、自分を見失うことがある」「人との関係も壊れてしまう」といったことを学習してきました。

一度手痛い経験をすることも、お金の性質、人間の性質を知るためのトレーニングです。

「二度とこんな思いはしたくない」と思えば、お金を注意深く扱うようになります。

お金で「悔しい」「悲しい」「つらい」「虚しい」「腹立たしい」など、マイナスの感情を

味わったときは、自分にとって正しい金銭感覚を養うチャンスなのです。

もし、同じ失敗を繰り返し、学習能力がないなら、それは当事者意識がないのか、なんとかなっていて失敗だと思っていないのかもしれません。

これまでの私たちのお金の使い方を振り返ってみると、だれもがお金の使い方の〝パターン〟があり、自分自身が「なにを大切にしてきたのか？」「なにに喜びを感じているのか？」というお金の価値観だけでなく、「どんなお金の失敗をしやすいのか？」「なにが弱点なのか？」という自分の性質もわかってきます。

お金とのつき合い方は、自分自身とのつき合い方でもあるのです。

自分の価値が上がるポイント

25

マイナスの感情は正しい金銭感覚を養うチャンス

26

満たされない感情を埋めるために散財しない

「なんでもいいから、お金を使いたくなった」

そんな気持ちになったことはありませんか？

会社で嫌なことがあって落ち込んでいるとき、節約ばかりしていてつまらないとき、なんだか寂しいとき、友人に結婚で先を越されたとき……ともかく、なんだかモヤモヤとした気分のとき、パッとお金を使いたくなる心境は、多くの女性が経験したことでしょう。

そんなときに、バーゲンでもあると、たいへん。飛んでいって、あれこれ物色してしまいます。

少々高いものであっても、つい買ってしまったり、いつもは選ばないようなもの、本当は必要でないものに手を出してしまったり。すっかり判断能力がなくなって、「ちょっと失敗したかな」と思うことも……。

でも、そんなとき、私たちの頭のなかには、自分への言い訳が、まるで弁護人のようにつらつらと出てくるものです。

「最近、お金を使ってなかったからいいよね。たまには自分へのご褒美《ほうび》!」

「あの服、長く着られそうだしね。きっと元をとれると思う」

「なかなか私に似合う服はないから、これでよかった!」

自分がいちばん、その買い物に対する判断が疑わしいと感じているから、都合のいい言い訳をしたくなるのです。

結果、その服は買ったことさえも忘れ、クローゼットのなかにしまわれることに……。

そもそも本当に欲しかったものは、バーゲンで買った服ではなく、お金を使ったときの「快感」なのです。

この一連の行動は、つぎのように〝感情〟が動機づけになって、私たちを支配していきます。

（1）マイナスの感情がある
（2）それを埋めるためにプラスの感情になれるターゲットを見つける
（3）その快感を得ることしか見えなくなり、結果、判断を誤る
（4）自分の行動を正当化する

こうして、「お金を使うために、お金を使う」という行動が出来上がっていきます。

苦々しい気持ちになって、「これじゃお金がもったいない！　お金で気持ちを埋めるのはもう止めようではないか！」と学習すればいいのですが、一瞬の快感を忘れられず、また繰り返すこともあるでしょう。

まずは、私たちがお金を使うのは、大方、感情的な行動だと自覚しましょう。理性的ではなく。

とくに、マイナスの感情があるときは、理性のコントロールが効かなくなり、判断を誤る危険性が高まります。

それがわかっているだけでも、ちがいます。

「ネガティブな気持ちになっているときは、気をつけよう」「なるべく、バーゲンには近づかないようにしよう」といった気持ちになるはずです。

快感を求めて、ほかのことが見えなくなるのを自覚できると、「ちょっと待った!」「ほかにも選択肢があるんじゃない?」「一晩、寝て考えようよ」とストップをかけることもできるでしょう。

大きな買い物をするときは、人に相談するのも一策です。

お金以外の、幸せになる術を構築し、実践していくのも、お金にむやみに頼らない知恵です。

心が満たされているとき、ご機嫌なときは、お金は大して重要でなくなります。

わざわざお金を使いたいという気持ちにもなりません。

足りないものより、あるもので十分だと思うものです。

どんなときも笑顔で過ごそうとする柔軟なマインドがあれば、じつは、お金はそれほど必要としないのです。

自分の価値が上がるポイント

26

お金への言い訳は、大抵、正しくない

27

お金の価値は〝快感〟の大きさ

ここで、もう一度、お金の価値について考えてみましょう。

「お金はなんのためにあるのか？」という答えは、人それぞれですが、私は、「価値の交換をするため」であり、本来は、人が生涯、追い求めていく〝幸せ〟との交換をするためのものだと思うのです（ときどき、まちがって使われている場合もありますが）。

〝幸せ〟といっても、「あー、おいしかった！」という瞬間的な幸せもあれば、「この保険で、安心して生活ができる」という持続的な幸せもあります。

「素敵なお茶碗が買えてうれしい」というちいさな幸せから、「子どもに教育を受けさせられてよかった」「素敵な家に暮らせて幸せ」という大きな幸せまで、いろいろな幸せのポイントに、私たちはお金を使っています。

〝喜び〟〝安心感〟〝ワクワク感〟〝充実感〟といったさまざまな幸せがありますが、ひとまとめにすると、心がプラスに動く〝快感〟ともいえるでしょう。

私たちは、そんな〝快感〟という感情のためにお金を使っているのです。

逆にいうと、〝快感〟のあることにしか、お金を使わないといってもいいかもしれません。

つまり、こんなシンプルな法則が成り立つのではないでしょうか。

お金の価値＝快感の大きさ×頻度（期間）

ただし、この〝快感〟というものがクセモノです。

お金＝見える価値

快感＝見えない価値

つまり、「見える価値」と「見えない価値」の交換、ということです。

「自分がどれだけ喜びを感じるのか？」という見えない価値がわかっていないと、高く見積もったり、反対に低く見積もったりして、お金の使い方をまちがってしまうのです。

ひとつの物やサービスの金額は一定のものですが、それに対する〝喜び〟〝安心感〟〝ワ

クワク感〟などの快感は、人それぞれなのですから。

たとえば、ケーキに1000円を払うのは「もったいない」と思う人もいれば、「喜んで」出す人もいるでしょう。

飲みに行くのが好きな人であれば、5000円出しても、1万円出しても行きたいと思うでしょう。私は、お酒を飲めないので、それ自体には、まったく価値を感じません。が、じっくり話してその人を理解したり、新しい価値観や情報を得たりするのは面白く、それなりの〝快感〟があり、〝価値〟があります。

「この人と話したい!」という相手と一対一で話せるのであれば、その機会のために、1万円出しても惜しくないとさえ思うのです。

また、1500円の本を買っても読まずに積んでいるだけでは、お金を捨てているようなものです。でも、その本を読んで、ひとつでも気づきがあり、ひとつでも自分の行動が変わるのであれば、それは1500円以上の価値があると思います。さらに、その本を人生のバイブルとして、何度も繰り返し読み、そのたびに人生の新しいヒントを得られるなら、それは、1万円以上の価値があるかもしれません。

有効なお金の使い方として、私がいつもおすすめしているのは、旅への〝投資〟です。

たとえば、2泊3日の旅であっても、私は、1カ月前からワクワクとご機嫌に過ごしています。仕事でたいへんなことがあっても、「私にはアレ（旅行）がある」と思えば、乗り越えられるエネルギーになります。行ったあとも、気分がリフレッシュされて、「また、がんばろう！」という気分になるし、旅での経験や出逢いが、人生の糧《かて》になることも少なくありません。

また、両親との親孝行旅行だったり、恋人との甘い旅だったり、人生の転機となるひとり旅だったりすると、一生に何度も思い出し、心を温かく満たしてくれるものとなるでしょう。

そんな一粒で二度も三度も、何百回と味わえる幸せには、積極的にお金をかけてもいいと思うのです。

「目に見えないものの価値」を理解しようとすることが、お金を有効に使う習慣になっていきます。

「ほかの人は、どんなことにお金を払っている？」「もっと安いものはない？」などと、それについての価値を〝相対的〟に考え始めると、お金の使い方は、うまくいきません。別な方向に進み始め、自分の行きたい方向がわからなくなってしまいます。

自分にとって、「どれだけ重要なのか?」「どれだけ欲しいのか?」という〝絶対的〟な価値を見極めればいいのです。「それは、自分にとって価値があるかどうか」が大切。

答えは、外ではなく、自分のなかにあるのです。

ところで、「お金で幸せは買えるか?」とよくいわれますが、これも少し考えてみましょう。

私たちは、いつもお金を払って、さまざまな幸せを買っていますが、すべての幸せを買えるわけではありません。あたりまえのことですが、お金だけでは手に入らないものもあるからです。

人生の深い満足感というのは、愛情や信頼関係、努力して築いたものなど、お金だけではなく、手をかけ、気持ちをかけ、しかも時間をかけたものだったりします。

ただし、そんなかけがえのない幸せも、お金が原因でもろくも壊れてしまうことがあります。

お金をもっていれば幸せになれるわけではありませんが、お金がなくて不幸になってしまうケースは、いくらでもあります。

自分の幸せを守るためには、「お金の性質を知って、つき合い方をまちがわないこと」。そして、「自分にとっての幸せをわかっていること」。

自分の価値観をもち、優先順位をわかっている人が、お金を有効に使えるといえるでしょう。

生きたい方向がわかっていれば、お金のムダがないのです。

自分の価値が上がるポイント

27

お金は絶対的な価値で考える

28

価値には〝鮮度〟と〝頻度〟がある

私が通っていた大学院の教授に、こんなことを言われたことがあります。

「どんなテーマでも、このテーマについてもう少し知りたいと思ったら、一刻も早くそれに関連する本を買って読みなさい。すると、すんなり入ってきて、もっと知りたいと思うようになる。あとで読んでも、知識への吸収率は少なく、なによりつまらない。お金の無駄になるだけだ」

なるほど、と思うのです。私は、学術書だけでなく、ビジネス本も、雑誌も、料理本も、買ったその日に一通り目を通すようにしています。時間がかかる小説は、1日では読み終わりませんが、それでも、最初の1項目は読みます。

すると、それを「いちばん求めているとき」なので、「そっかー」「ほう！」「へーッ」

と感動や刺激がダイレクトに入ってきます。

「また読もう」「実践してみよう」と、つぎの展開につながるわけです。

時間がたつと、だんだん気持ちが冷めてきて、さらに先送りしてしまうだけでなく、読んだとしても、「それほど求めていないとき」なので、「ふーん」で終わることが多いのです。

価値には、鮮度があり、「やりたいことはすぐやる」のが効果的なお金の使い方です。

「死ぬ前に後悔すること」で多いのが、「もっと旅行に行けばよかった」「もっと食べたいものを食べればよかった」など、「やりたかったことをやらなかったこと」。しかも、「やろうと思えばできたこと」です。

やってしまった後悔は、だんだんちいさくなるものですが、やらなかった後悔は、だんだん大きくなるといいます。

「いつか行こう」「いつか買おう」「いつか楽しもう」「いつか勉強しよう」「いつか親孝行しよう」と先延ばししては、幸せは半減するどころか意味をもたないこともあります。

いまにはいまの幸せがあり、先には先の幸せが待っているのです。

また、なにか大きな目的のために日ごろの生活費を切り詰めたり、欲しいものを我慢したりすることは、ひとつの手段ではありますが、マイナスの感情が大きくなっては意味がありません。

人は、大きな喜びを〝ごくたまに〟ではなく、ちいさな喜びを、〝たくさん〟味わったほうが、幸福度は高く、心が満たされているものです。

幸せというのは、その状態のことではなく、「あ〜、幸せ」と感じる一瞬一瞬のときではないでしょうか。

おいしいものを食べて「あ〜、幸せ」、素敵な景色を見て「あ〜、幸せ」、家族団らんのときを過ごして「あ〜、幸せ」というような、ちいさな幸せの積み重ねが、大きな幸せになっていきます。

1週間に一度だけ笑顔になるより、毎日、何度でも笑顔になれたほうが、「幸せな人」といえるでしょう。

ごくあたりまえの生活のなかに、幸せはあるものです。

そんな暮らしのなかに、自分にとっての〝価値あるもの〟を取り入れていくのも、有効なお金の使い方です。

たとえば、私は1年前、食卓に、吊り下げ型のランプを買いました。包み込むようなやわらかい灯りと、オブジェのようなデザインが気に入っていて、毎日、目にするたびに、「きれい……」とうっとりしてしまうのです。灯りというものが、これほど人を幸せにするのかと、新しい発見でした（まったく幸せとは感じない人もいるでしょうが）。

自分を幸せにしてくれる頻度が高いものには、少々お金を出しても惜しくはないと実感するのです。

また、10年ほど前、父が、孫の誕生日プレゼントに、びっくりするほど大きなクリスマスツリーを買ってきたことがありました。

「服やおもちゃだと、子どもはすぐに使わなくなってしまう。これだと大人になっても毎年、使ってくれるだろう？　おじいちゃんが買ってくれたなぁと思い出してくれたら、うれしいじゃないか」

たしかに、父が亡くなったあともツリーは毎年、家族が集まるリビングに飾られ続けているので、父は、「いいものを買った！」と、どこかでにんまりしているかもしれません。

思えば、父は、服を数着しかもっていないのに、ジャケットや、トレードマークの中折れ帽など買うときは、驚くほど仕立てのいいものを買ってくる人でした。当時、家族は、「そんなに高いものをよく買えるね」と嫌味を言っていましたが、それを10年も20年も愛用していて、「おしゃれな人」で通っていたので、効果的なお金の使い方をしていたのかもしれません。

ものの価値には〝鮮度〟と〝頻度〟があります。

それを見極める目をもつことが、お金を大切に使うことにつながっていくのだと思うのです。

自分の価値が上がるポイント

28 買ったものがどう使われていくかを想像する

29

台湾の“希望”のために大富豪はお金を使う

台湾南部で暮らして、びっくりしたことのひとつは、世界を舞台に商売をしてきた、とんでもない大富豪がいること。そして、その大富豪たちが、ちっとも大富豪に見えないことでした。

普段はサンダルに短パン姿で、屋台で食事をし、一般の人に紛《まぎ》れ込んでいるために、たいへんわかりにくいのですが、自宅に伺うと、門から家にたどり着くまで車で10分ほどかかる豪邸だったり、見たこともないような広いマンションで、趣味のコレクションに囲まれて暮らしていたりするのです。

私の知る大富豪の多くは、成長期の波に乗って、財を築いてきた創業者たち。そのお金の稼ぎ方にも特徴がありますが、お金の使い方も、つぎのように独特のものでした。

（1）生活は意外に質素

富豪になったからといって、高価なものを食べているわけではなく、自分にとって「おいしいもの」であればいいと、地元の野菜や果物、幼いころから食べていた料理などをこよなく愛し、着るものも質素。水道光熱費にもシビアで、ギャンブルや夜の遊びはしない。住居以外の生活費には、それほどお金をかけず、ほどほどの生活スタイルを確立しています。

（2）欲しいもの、やりたいことには、出し惜しみをしない

ところが、自分の趣味や道楽には、とことんお金をかけるのです。世界中の〝石〟をコレクションしていたり、日本への旅行には、年に何度も出かけたり。自分が「欲しい」「やりたい」と思うポイントには、出し惜しみすることはありません。

（3）大きなお金を使うときは、出し惜しみしない

不動産や車など、大きなお金を使うときは、中途半端ではなく、できるだけいいものを求めます。

私がかつて中古のスクーターを求めたとき、「いちばん安いのでいいです」と言ったところ、「それじゃあ、お金がもったいない」とお叱りを受けました。

「安いスクーターは、故障が多く、何度も修理代がかかる。売るときは、まったくお金にならない。いちばんいいものを買ったほうが、いちばん高く売れて、修理することもない。なにより、乗っているとき、安全で快適でしょう?」

その忠告に反して、安いスクーターを買ったところ、「たしかに、富豪の言っていることは正しかった」と実感することとなったのです。

家もマンションも、たくさんあるような中途半端なものを買っても価格は下がる。しかし、なかなかないようないい物件であれば、求める人が多く、価値は下がらないという考え。

〝衣〟や〝食〟など消費していくものにはお金をかけませんが、〝財〟として残っていくものには、その価値を見極めて、大胆にお金を使うのです。

（4）人のためにお金を使う

富豪たちは「お金を得たのは、自分だけの力ではなく、まわりのおかげ」という感謝の気持ちがあるため、お金を独り占めしようとするのではなく、会社や地域の人のためにシェアすることを忘れません。

ほとんどの富豪は、自己の財源から貧困家庭を助けたり、地域の活性化のために一役買ったりして、まわりの人の幸せにも目を配っています。地域の子どもたちの奨学金制度を設けたり、海外に留学させたりして、未来への投資もしています。

まわりの人を幸せにすることが、最終的な自分の幸せであり、お金をもつ立場の役割だと認識しているのです。

台湾の富豪から学んだお金の使い方は、「締めるところ・出すところ」の基準をはっきりすること。財産として残るもの、他人が喜ぶものなど、未来の〝希望〟を生み出すものには、お金を出し惜しみしないこと。そうして、使ったお金は、自分の喜びとして、返ってくること。

つぎつぎに新しい価値を生み出す〝生きた〟お金の使い方をしているのが、巨額の財を築いた富豪の富豪たる所以、ということなのでしょう。

自分の価値が上がるポイント

29

締めるところ・出すところの基準をはっきりさせる

第7章

お金に困らない人生を手に入れる

貯金より大切な、自分に投資する働き方

30

「私はこれができます！」と言える自分になる

「一度、正社員を辞めたあと、派遣社員、アルバイト……と、お給料は下がっていった」

「社会復帰がこんなにたいへんとは思わなかった。いまできる仕事なんてパートぐらい」

そんなふうに、仕事を一時的に辞めたり、転職したりするたびに、転げ落ちるようにキャリアダウンしていく女性たちがどれだけいることでしょう。

私自身も、上京したての時期、それを実感することがありました。求人情報誌を見ると、サービスや事務の仕事などはほとんど「年齢制限」ではじかれてしまう自分。

「私って、本当に労働価値がないんだな」と認めるしかありませんでした。

それまで経験してきた「編集者」としての採用試験で不合格だったときも、「自分のスキルでは通用しないんだ」と認めるしかありませんでした。

日本社会がセカンドチャンスを得にくい性質をもっているということもありますが、とくに現代では、新卒以外はほとんど即戦力になる人を求めています。そんななかで、「私はこれができます！」と言えるものがないと、〝その他大勢〟としての「だれにでもできる」と思われるような仕事を奪《うば》い合うようになります。

〝その他大勢〟のなかにいるかぎりは、若くて元気で見栄えがよくて、しかも使いやすい人から求められていくのは当然。いつまでも、いい条件の仕事は、まわってくることはなく、次第にキャリアダウンしていくのは、当然の摂理です。

また、できることがあったとしても、「自分なりの価値」を提供できないと、やはり、仕事を得ることは難しいものです。自分では、「一生懸命がんばります」「いい仕事をします」と、やる気があっても、最初の段階ではじかれてしまうのです。

しかし、私にとってそんな浮かばれない状況は、「自分で力をつけて、どこかで逆転していくしかない」と考えるきっかけになりました。

「あなたにぜひ、仕事をお願いしたい」

そう言われるためにはどうしたらいいのか？　と、毎日、考え続けました。

その後、キャリアダウンしていくなかで、ちいさなチャンスをつかんで、少しずつ仕事を増やしていった話は先に述べた通りですが、そんな〝足掛かり〟になる〝チャンス〟に出逢うためには、自分のなかの能力を高めていくことが、絶対条件なのです。

〝能力〟とは、仕事のスキルはもちろん、人間関係力、〝洞察力〟〝明るさ〟など、人としての力もあります。相性やタイミングのようなものもあるかもしれません。

「あなたにお願いしたい」「あなたと仕事がしたい」と言われる力は、一朝一夕に身につくものではなく、時間とお金、エネルギーを自分に投資していく習慣が必要なのです。

とくに、お金をかけた自分への投資は、つぎの利益を生んでいきます。

資格を取ったり、なにかを学んだりすることもそうですが、一流の仕事人に会うこと、本を読むこと、やったことのないことを経験することなども、投資のひとつ。

そうして、自分を成長させていくことで、それに相応しいチャンスがやってきます。

専業主婦だった友人は、40代で離婚したあと、「私にはなにもできる仕事がない」と言っていましたが、意を決して、もっているお金をすべて学費につぎ込んで大学、大学院に通いました。50代になった現在は、大学で講師をしたり、自分でセミナーを開いたりしています。

また、「お金がなくて、パソコンスクールに通えなかった」というシングルマザーの友人もいます。彼女は、パソコンの講師数人に「受付でも、会計でも、助手でも、なんでもやります。教室の隅で話を聞かせてもらえませんか？」と直談判。その後、「ホームページをつくってみる？」などと講師たちから仕事をもらうようになり、いまでは年商数億円のＩＴ企業の社長をしています。

投資するお金がなければ、「労働を提供する」ことで、学びやチャンスを得る方法もあります。

ともかく、現代は、すべての人が〝ひとり商店（フリーランス）〟になる時代です。

「自分はなにができるか？」を考えて、自分なりの稼ぎ方を考えていく時代です。

会社に雇われていても、家庭のなかにいても、世の中を渡っていく〝ひとり商店〟の感覚は必要です。とくに、60代以降は、ほとんどの人がフリーランスになるでしょう。

「私はこれができます！」というものがあれば、つながる人が変わってきます。

つぎからつぎにチャンスがやってきます。人に喜ばれて、収入も自然についてきます。

自分を高めていこうとする投資は、貯金よりも、ずっと大きな利益を生み、自分を助けてくれるのです。

なにより、目標をもって成長していくことは、自分の命を輝かせることであり、いい感情で過ごすこと。毎日の生活はワクワクと楽しいものになっていくでしょう。そんな前を向いた女性は、仕事人としてはもちろんのこと、人間的にも魅力的に映るはずです。

「自分はなにができるのか？」

「あなたにお願いしたいと言われるためには？」

自分を輝かせていくことは、だれでも可能です。

自分はどこまでいけるのか？　そんな戦略を、つぎの項で楽しみながら考えていきましょう。

自分の価値が上がるポイント

30

つねに自己投資していく習慣が、自分を助けてくれる

31 「WWH戦略」で人生の財政プランを考えよう

人生の財政プランを考えるとき、私たちは、その道筋を考える必要があります。

山に登るのに、「どの山に登るのか」「どのコースから攻めるのか」「そのためにどんな準備をすればいいのか」、目標や方法を決めて行動するように、お金においても、その道筋を決める必要があるのです。

ただ、「お金を貯めておけばいい」「働けばなんとかなるだろう」ということだけでは、自分の理想とする人生を送れないことになってしまうでしょう。

私は、なにかの目的や目標を実現しようとするときはいつも、「W（Why）W（What）H（How to）」の順で戦略で考えますが、これはお金においても通用します。

つぎの順番で、あなたのお金の基本方針について完成させてください（3つでなくても、思いつくかぎり、挙げてください)。

(1)W(Why)

「あなたがお金を得る目的はなんですか?」(目的・理想)

①

②

③

(2)W(What)

「(1)のために、あなたは10年後、どんな人になっていたいですか?」(目標イメージ)

①

②

③

（3）H（How to）

「（2）を実現させるために、できることはなんですか？」（方法・戦略）

①
②
③

（1）のお金を得る目的は、「どんな人生を送りたいのか？」という人生の目的や理想です。人生のお金について考えるのに軸となる、いちばん大切な指針であり、ここから、「どれだけお金が必要か」「どれだけ働くのか」「どれだけ貯めるのか」「どれだけ投資するのか」も導かれます。

お金を得る目的に正解というものはなく、「人に喜んでもらって自分も幸せになるため」「思いっきり人生を楽しむため」「家族が笑顔で暮らすため」「借金を返すため」「老後はボランティアをして暮らすため」「海外に孤児院を建てるため」など、さまざまな目的があるでしょう。

「生活にはお金をかけなくてもいいから、ただのんびりと暮らしたい」という理想があるなら、それほどお金を稼ぐ必要はありません。稼ぐよりも、人生を豊かにするために、時間とエネルギーを使ったほうがいいでしょう。

「年に1回は海外旅行を楽しむため」「広いマンションで暮らすため」といった理想があるなら、それなりのお金が必要になってきます。

決して、まちがえないでください。使う目的もなく、「とりあえずお金が欲しい」という人、意外に多いのです。でも目的がなければ、稼ぐのも貯めるのもうまくいきません。

これらの目的の達成も、「お金があるから、可能になる」というのではなく、「目的があるから、お金は生み出される」のです。

（1）のお金を得る目的が明確になったら、つぎは、それを現実にするために、（2）の「10年後の自分」をイメージしてみましょう。

たとえば、

「健康のアドバイスができるヨガのインストラクターになっている自分」

「ローフードのデザートを提供するお店を開いている自分」

「高齢者を中心としたメイクアップアドバイザーになっている自分」
「海外で和食の家庭料理を教えている自分」
「女性専門の不動産業を営んでいる自分」
など、いちばん輝いている自分、なりたい自分を自由にイメージしてみましょう。

「なれる・なれない」は関係なく、自己イメージをまるで映画のワンシーンのように、鮮明に描いてください。

私は、「エーゲ海の島を旅しながら執筆している自分」「ベストセラーコーナーに置いてある自分の本を読んでいる読者を見守っている自分」など、一日に何度も繰り返し、その光景を思い浮かべていました。最初に頭に浮かんだときは、まったく非現実的な状態でしたが、あるとき、「あの光景だ！」という光景にたどり着いていたのです。

「きっとそうなる」と、そのシーンを思いながら暮らしていれば、現実はその一点に向かって動き出します。そうなるための行動をとっています。

人はまったく不可能なことは想像しないといいます。鮮明に思い描いたことは、きっと現実にできることなのです。

そして、3つ目のステップは、（2）の自己イメージに「どんな方法でそこにたどり着くのか？」を考えること。

「料理を勉強するために、尊敬する先生の店で修業する」

「カウンセラーになるためのセミナーに通う」

「施設などで楽器を教えるボランティアをする」など、なんでもいいでしょう。

最初から多くを稼ぐことはできません。

まずは、「これができます！」といえる自分になることから。

頭で考えているだけでなく、「いま、できること」をしていれば、つぎの課題は自然に出てきます。「この方法は難しい」「これは私には向いていない」と気づくこともあります。

途中で修正しても、立ち止まってもいいのです。

方法はいくらでもあります。歩きながら、その方法を見つけていけばいいのです。

大切なのは、（1）の自分の理想を叶えて、自分をとことん喜ばせてあげること。

「稼ぐ」「使う」「貯める」「投資する」というお金の戦略は、全部つながっていて、「どんな人生を送りたいか？」という土台の上に成り立っています。

その土台がしっかりしていれば、財政プランはうまくいきます。

いつも心を自由にして、

「どんな人生にしたい？（Ｗｈｙ）」

「どんな自分になる？（Ｗｈａｔ）」

「どうすればいい？（Ｈｏｗ ｔｏ）」という「ＷＷＨ戦略」を意識していてください。

じつは、あなたは一日も休むことなく、あなたが描いたイメージのあなたを演じ続け、あなたの考えたシナリオ通りに生きているのです。

「私に稼ぐことなんて、できない」と思い込んでいませんか？

「そんな生活、私には無理」と、あきらめていませんか？

あなたの稼ぐ力も、生活スタイルも、あなた自身が決めているのです。

自分の価値が上がるポイント

31

プロデューサーになったつもりで、自分の人生のシナリオを考える

32

「何時間働いたか？」ではなく、「どれだけの仕事ができたか？」で考える

ライターとして派遣の仕事をしている友人が、先日、こんなことを言っていました。

「私は1日10ページ分の仕事ができるんだけれど、若いライターたちは、1日4、5ページしかしようとしないの。早く終われば、つぎからつぎに仕事を振られて、損をすると思っているのね。私が一生懸命やろうとすると、『自分ばっかりいい人になって……』という白い目で見られて、なんだか、がんばるのがバカらしくなってきたわ」

つまり、どれだけ働いても時給は同じだから、「がんばっただけ損をする」「少しでもラクをしたほうがいい」という考え方らしいのです。

でも、時給を基準に働いても、なにも生み出されることはないし、なにより、つまらないでしょう。

いま10ページの仕事ができているなら、「つぎは15ページに挑戦してみよう」「クオリティを上げていこう」と、仕事を高めていけば、つぎの仕事をするときに、それが生かされるかもしれません。

まわりのことを考えて、仕事のペースを落としても、その人たちが自分になにをもたらしてくれるというのでしょう。

喜ばせるべきは、自分にお金を払ってくれるクライアントなのです。

お客様にお茶を淹れるときに、「あーあ、こんなつまらない仕事、やりたくないなぁ」「だれがお茶を淹れても同じでしょう」と考えてするより、「せっかくだから、いちばんおいしいお茶になるように淹れてみよう」と考えたほうが、ずっと楽しい。

「なるほど、お茶は85度ぐらいがちょうどいいのね」

「1時間くらいしたら、こんどはコーヒーを淹れてみよう」

など工夫することで、仕事の質は高まっていきます。

お茶の淹れ方を習得して、プライベートのお客様にも喜ばれたり、いつかは自宅カフェを開くことも夢ではないかもしれません。

稼ぎ力のある人たちは、どんな仕事も「何時間働いたか?」ではなく、「どんな仕事をしたか?」で考えています。

ラクして稼いでいるわけではないから、結果も出したいと考えるし、そうして得たお金も大切に使おうとします。「お給料」よりも「結果を残すこと」「成長をすること」のほうが、ずっと価値のあるものだと思っているのです。

「いい仕事がしたい」と思っていれば、自然にお金はついてくるものです。

ときには、思い通りにいかないこともあります。

「なんでうまくいかないのか?」「いい仕事ができないのか?」と、空まわりすることもあります。でも、そんなときこそ、仕事人としての力が養われている時期なのです。

ラクな仕事ではなく、たいへんだ、難しいという仕事に、夢中になって取り組むからこそ、自分のなかに、なにかの力が蓄積されていきます。

そんなふうに積み重なった力がある日、ひょっこり花開くことがあります。

人の能力というのは、積極的な姿勢から生み出され、それが稼ぎ力になっていくのです。

大切なのは、「何時間働いた」という時給よりも、「いい仕事ができた」という満足感を基準に仕事をすること。

心の積極性は、クセになるし、心の消極性も、クセになります。

じつは、これがいちばん怖いところなのです。

昔の人は、よく「お天道さんは見ている」と言ったものです。だれも見ていないような地味な仕事であっても、結果がなかなか出ない取り組みであっても、「積極的にやったこと」「人のためにやったこと」は、かならず、自分に返ってくるのです。

自分が変わり、まわりも変わる。そして、稼ぎ力が変わってくるのは不思議なほどです。

自分の価値が上がるポイント

32

夢中で取り組む姿勢が稼ぎ力を蓄える

33

女性だから○○できない時代は自分で終わりにする

「女性は、男性以上にがんばらないと、昇進できない」

「女性は、信用されていないから、正社員になれない」

「女性は家事や育児の負担で、男性より損をしている」

そんな「女性は仕事の現場では、損をしている」という声を数えきれないほど聞いてきましたし、私も実感することがありました。

でも、仕事人生が後半になろうとしているいま、「女性だから、いろいろできてよかった」と、心から感謝しているのです。

私は、ひとつの仕事だけではなく、さまざまな仕事や職場、立場を経験したことで、どんな状況でも仕事がうまくいく方法を見つけようとしてきました。

雑用からリーダーまでのいろいろな仕事のやり方、歪《ゆが》んだ特殊なパターンの人間関係、企業や職場のやっかいな事情など、あれこれ経験したおかげで、少々面倒な〝応用問題〟がやってこようとも、「楽勝、楽勝。こうすればいいじゃない？」と、すらすら解決していけるようになりました。

仕事を辞めて、失業保険をもらっていた期間も、「自分にはなにができるんだろう」と考えたり、新しい勉強を始めてみたりする機会になりました。

なにも仕事をしていないとき、単調な仕事ばかりで無駄だと思われるようなときも、大きな意味があるものです。

人とはちがう道のりだったからこそ、人とはちがう視点から意見を言ったり、情報を集められたりするようになったと思うのです。

そんなふうに「いろいろやった」結果として、その場その場で必要なものを察知し、提供していける〝多様性〟ができていきます。

相手が求めるものに対して、こちらもチャンネルを合わせていくことができるのです。

現代は、世の中や企業が求めるものも、職場の環境もルールも、哲学や価値観さえも、めまぐるしく変わっていく時代です。「私はこの仕事しかできません」「私はこんな生き方しかできません」では、生き抜いていくことはできないでしょう。

仕事だけでなく、結婚や生き方なども、「ちがうな」と思ったときに、方向転換できる柔軟性がなければ、望まない状況に甘んじて生きていくしかありません。

とくに、女性の働く期間は、数十年前の数倍、長くなっています。その分、より広く、深い〝多様性〟をもって、人生にしなやかに挑む必要が出てきたのです。

男性は、この〝多様性〟という点においては、損かもしれません。

じつは、男性こそ、第三のステージを考えて働く必要があると、私は思っているのです。男性はつねに与えられた課題に100%の力で全力疾走して、休むことがありません。

そのため、定年になったとき、「なにもできない人」になってしまうどころか、自分で楽しみや喜びさえ、見つけられない人になってしまうことが多いのです。

そうなってしまったら、〝男の尊厳〟というものは、どこにいってしまうのでしょう。

身近な男性に生涯、輝いていてほしいと思うなら、仕事以外のすばらしいポイントを見つけて、〝感謝〟と〝尊敬〟で接していくのも一策かもしれません。

それはともかく。女性であっても、「私は～しかできない」と頑《かたく》なな姿勢であれば、仕事の幅だけでなく、つき合う人、人生の楽しみも制限され、視野が狭くなっていきます。

多様性をもちたいと思うなら、興味をもったものには、とりあえずアクセスしてみること。

いろいろなジャンルの人とつき合うこと。新しいことに面白がって挑戦すること……。自分のなかに、「これまでにないもの」をインプットして、化学変化を起こしていくのです。

「これをやって、なにになるのか？」という損得で考えなくても、「知りたい」「やってみたい」「確かめてみたい」と夢中になることが、人を成長させていきます。

好奇心が多様性をつくり、稼ぎ力をつくり、人生を豊かにしてくれるのです。

ひとつのことだけをやっている人に比べて、あれこれとやっている人は、結果が出るのに時間がかかるものです。最初から自分らしさをつくっていくのも難しい。数年は、報《むく》われない時期を過ごすかもしれません。

しかし、多様性をもっていることで、だんだん自分の色が出てきて、ほかにはないオンリーワンの存在になっていきます。

まわり道をした分、味わいのある仕事を提供できるようになるはずです。

咲くたびに、だんだん大輪の花になっていく大器晩成の女性。最初に花が咲いて萎んでしまうより、ずっと素敵だと思いませんか？

自分の価値が上がるポイント

33

「いいな」と思ったものからアクセスしてみよう

34

お金が払われなくても、やりたい仕事を選択する

本当のお金の自由を手に入れたいなら、たくさんのお金を得るために働くのではなく、自分の「やりたいこと」「夢中になること」「好きなこと」を仕事とすることです。

最大限のエネルギーをかけているので、結果的にお金もついてきます。

「お金持ちになりたい」という気持ちで嫌々仕事をしていても、情熱がなければ、結果も出ないでしょう。

本当の豊かさを手に入れている人たちは、自分の仕事に対して、「こんなに楽しんで、そのうえ、お金までもらっている」という感覚なのです。

彼らの仕事は、「お金をもらわなくても、やりたい」という、なんとも幸せな仕事です。

だから、長時間やっていても、つらいことがあっても、乗り越えていけるのです。

仕事は「好き」も「嫌い」もなく取り組むものだと思っていますが、「この仕事、やりたいな」と心が積極的になれる仕事には、そのなかに喜びがあり、相性がいいということなのでしょう。

とはいっても、「好きなことを仕事にする」のには、準備期間が必要です。

好きなことは、稼げないことかもしれません。

生活のためには、「やりたくないことをやること」も必要なときがあるでしょう。

では、60歳以降、もしくは、10年後であれば、どうでしょう?

いまから力をつけて、人が求めてくれるように工夫していけば、「好きなことで月10万円」を稼ぐのは、無理なことではないと思いませんか?

多くの人は、「お金があれば働かない」と言うものですが、仕事がなくなったら、どんな楽しみが待っているというのでしょう?

60代の友人は、会社役員である夫の稼ぎで、一生働かなくてもいい貯金があり、ゴルフをしたり、お芝居を観にいったり、温泉旅行をしたりして、楽しく暮らしていました。

でも、どんな遊びをしても、「あー、楽しかった！」という気持ちのあと、虚しい気分になったそうです。

「毎日、遊んで暮らすのは、それはそれで幸せだと思うけれど、一回ごとに幸せになって終わり。また、幸せを求めることの繰り返し……。私の人生、なんだろうって思うことがあるのよ」

お金がない人にとっては、贅沢《ぜいたく》な悩みでしょうが、本人は、真剣に考えているようでした。

そして、自宅に先生を呼んで、料理やヨガ、お花などを教える自宅カルチャースクールを開いたのです。生徒のほとんどは、自分と同じ60代以上の女性たち。ときには、その夫たちに男性料理教室を開くこともありました。

「毎日が楽しくて！　みんなの笑顔を見ていると、幸せになるの。人のためになにかできることがあるって、いちばんの幸せね」

まるで、人が変わったように明るくなり、話し方も自信に満ちていました。

「いまは、あまり稼ぎにはなっていないけれど、これから生徒さんを増やしていきたい。

つぎは、新しく会場を借りたいと思っているの」

目標も定まって、毎日、忙しく動きまわっているようです。

人生最大の喜びは、人の役に立つこと。

人に喜んでもらうことが、私たちの魂を喜ばせてくれます。人は自分のためよりも、人のためになにかしようとするときにこそ、エネルギーがあふれてくるのです。

そんなワクワクするような選択をしていれば、人生は充実したものになり、お金に依存せず、お金を軽んじない良好な関係を築いていけると思うのです。

自分の価値が上がるポイント

34

人生を楽しむことが、
お金との良好な関係を築く

おわりに

お金とのつき合い方は、感情とのつき合い方——私たちを苦しめるのは、「お金の問題」ではありません

最近、話題になった、こんな小説がありました。

銀行の契約社員が、学生との逢瀬を楽しむためだけに、高齢者の預貯金を数億円、横領していくというストーリーです。正義感の強かった女性が、どこかで金銭感覚と罪悪感が麻痺して、100万円、200万円……と、お金を使うことに抵抗がなくなっていくのです。

小説のなかの話ではありますが、この「喜びを得る」という目的のために、ほかのことを忘れて突き進んでしまう感覚は、多くの女性が共感できるのではないでしょうか。

そして、それがどんなに高額であろうと支払ってしまう、ほかのものを犠牲にしてしまうことも構わないとさえ思う感覚……。犯罪までいかなくても、身分不相応の買い物で

ローンを組んでしまったり、冷静になると、「なんで、あんなものを買ってしまったんだろう」と後悔したりした経験は、だれしもあるのではないでしょうか。

また、配偶者や恋人に対して、とにもかくにも〝経済〟を最重要の条件とする女性もいます。「一度いい思いをしたら、それ以下の男性とはつき合えなくなる。自分が惨めになるから」という女性もいましたっけ。

「お金の豊かさ＝男性の価値＝自分の価値」だと、計りまちがえてしまうのです。相手から期待通りの価値が与えられないと、大きなフラストレーションを抱えることになります。相手に依存しているのですから、無理もありません。

満たされない気持ちをお金で埋めてはいけない

お金を使ってしまう女性も、お金を使わせてしまう女性も、根っこのところは同じです。〝満たされない感情〟があって、それを〝お金〟で埋めようとしているのです。

「お金があれば……」と、お金がすべてを解決してくれるように感じますが、お金はすべての病に効く万能薬ではなく、ひとつの〝手段〟に過ぎません。

また、お金でトラブルがあると、「お金さえなければ……」と、お金が諸悪の根源のように感じてしまいますが、お金はなにも悪くはありません。

お金は〝モノ〟であり、100円は100円、1万円は1万円の価値でしかありません。お金に意味をもたせ、一喜一憂《いっきいちゆう》しているのは、私たちそのものなのです。

つまり、私たちを苦しめているのは、「お金」ではなく、私たちが生み出した「お金に対する感情」なのです。

〝感情〟はいわば、馬車の馬のようなもので、〝理性〟が馬の手綱《たづな》を握っている御者《ぎょしゃ》のようなもの。感情という、そそっかしく、怖がりで、思い込みの激しい馬を、そのままに放置していては、私たちは決断を誤ってしまいます。

衝動を我慢できず、欲望のままに振る舞ってしまいます。

満たされない気持ちを、なにかで埋めようとします。

怖がりすぎて、前に進めなくなってしまいます。

そんな行動がさらに、不安や後悔の感情を生み出すというマイナスのスパイラルをたどることになります。私たちは、マイナスの感情によって、お金の使い方を失敗するのです。

私たちは、理性という、ほどほど楽観的な御者になって、「大丈夫。そんなに心配しなくてもいいから」「これは必要じゃないから」「もっとほかにも選択肢はあるから」と、感情という馬をコントロールする必要があるわけです。

大切なのは、「感情」と「理性（問題解決）」をはっきりと区別すること。

決断を迫られたときは、「理性」が主導権を握ること。

一歩引いたところから、「感情」を見つめて、「この感情はいらない」「この感情は思い込み」「この感情は大切にしよう」と整理して、お金の決断をしていくことです。

私たちが得た大切なお金を無駄にしないためには、そんなお金の知性をトレーニングし、身につける必要があります。

難しいことではありません。私たちは、日々のお金とのつき合い方で、知らずしらずのうちに、そのトレーニングをしています。これから「お金と気持ちよくつき合おう」と心がけていくことで、さらに知性をつけることもできるのです。

お金の知性を身につけて心豊かな人生をつくる

ところで、戦後、私たちの経済的な暮らしはとんでもなく豊かになりました。

しかし、「それだけ幸せになったか？」というと、首をかしげる人も多いでしょう。

豊かになったことで新しい問題を生み出しているのも事実です。道理に反して、お金を得ようとするトラブルもあとを絶ちません。お金とのつき合い方がわからず、不安や後悔、恐れなどの感情をもち、お金に心を奪われてしまっているのです。

お金の知性を身につけることで、お金と感情との折り合いをつけながら、人生を豊かにしていけます。お金はつき合い方さえまちがわなければ、私たちを助けてくれる心強いパートナーになってくれるはずです。

そう、お金とはだれよりも長く、いっしょにつき合っていくのですから……。

有川真由美

‖著者紹介

有川真由美（ありかわ・まゆみ）

作家・写真家

鹿児島県姶良市出身、台湾国立高雄第一科技大学応用日本語学科修士課程修了。

化粧品会社事務、塾講師、科学館コンパニオン、衣料品店店長、着物着付け講師、ブライダルコーディネーター、フリーカメラマン、新聞社広告局編集者など、多くの職業経験を生かして、働く女性のアドバイザー的な存在として書籍や雑誌などに執筆。40カ国を旅し、旅エッセイを手がける。

著書は、ベストセラー『感情の整理ができる女は、うまくいく』（PHP研究所）他多数。

感情に振りまわされない――
働く女(ひと)のお金のルール
自分の価値が高まっていく稼ぎ方・貯め方・使い方

2015年2月5日　第1刷発行

著　者　　有川真由美

発行者　　櫻井秀勲
発行所　　きずな出版
東京都新宿区白銀町1-13　〒162-0816
電話03-3260-0391　振替00160-2-633551
http://www.kizuna-pub.jp/

装　幀　　福田和雄（FUKUDA DESIGN）
編集協力　ウーマンウエーブ
印刷・製本　モリモト印刷

ISBN978-4-907072-25-4

きずな出版

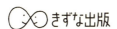

好評既刊

よわむしの生き方
必要な人になる 50 のルール

有川真由美

傷つくのが怖い、だけど自分らしく生きていたい！弱さを知っているからこそ強くなれる、自分の場所で幸せに暮らす方法。

本体価格 1300 円

「こころの力」の育て方
レジリエンスを引き出す考え方のコツ

精神科医 大野裕

大切なのは、こころが折れないことより、折れても復活できる力を育てること。それが、「レジリエンス = 逆境から立ち直る力」です。

本体価格 1300 円

日常の小さなイライラから解放される
「箱」の法則
感情に振りまわされない人生を選択する

アービンジャー・インスティチュート

全世界で 100 万部を突破したアービンジャー式人間関係の解決策本が、今度は日本を舞台に登場！　イライラの原因は 100% 自分にあった⁉

本体価格 1500 円

プレゼンで愛される！
心を動かす人が当たり前にやっていること

天野暢子

成功するには「愛される」ことが必要だった―― 3000 件を超えるプレゼンに関わってきた「プレゼン・コンシェルジュ」が語る、必ず結果を出す方法！

本体価格 1400 円

月のリズム
Guidebook for Moon Calendar

アストロロジャー 來夢

月の満ち欠けからあなたの月相、ホロスコープから見る月星座、毎日の気の流れを読む二十四節気まで。月のパワーを借りて自分らしく生きるヒント

本体価格 1500 円

※表示価格はすべて税別です

書籍の感想、著者へのメッセージは以下のアドレスにお寄せください

E-mail：39@kizuna-pub.jp

きずな出版
http://www.kizuna-pub.jp